19/9

Merci à Bernard DIDELOT,
sans qui il n'aurait peut-être jamais été question de ce livre.

Frédérique Crestin-Billet

VOUS
—et—
LeVin

ustré par :

Un livre est une bouteille jetée en pleine mer,
sur laquelle il faut coller l'étiquette :
attrape qui peut...
Alfred DE VIGNY

... ou qui veut.

© Éditions FIRST INC, 1988
11, villa Thoreton, 75015 Paris
Tél. : 40 60 90 49
ISBN 2-87691-021-7

Ce livre est dédié :

• à tous ceux qui ne connaissent rien au vin et l'avouent.
Ils trouveront dans ce manuel les outils nécessaires pour ne
plus boire idiot ;

• à tous ceux qui n'y connaissent rien, mais ne l'avouent pas.
Ils y liront suffisamment de choses pour feindre de ne pas lire
les explications de base ;

• à tous ceux qui s'y connaissent un peu.
Ce manuel leur permettra d'ajouter une couche de vernis à
leur érudition naissante ;

• à tous ceux qui connaissent bien le vin.
Ils y découvriront la citation, l'anecdote ou le poème qu'ils
ignoraient ;

• à tous ceux qui ne sont pas nécessairement attirés par le vin,
mais qui le seront certainement par l'humour ;

• en somme, à tout le monde.

Attaquez ce livre avec un bon verre de vin
pour être sûr de le bien juger

REMETTONS
LES PENDULES À L'HEURE

Contrairement aux apparences et aux idées reçues, les Français connaissent mal le vin. Il faut dire qu'avant la Première Guerre mondiale, sa consommation était loin d'être généralisée. Les critères de qualité et de goût du vin ont énormément varié au fil des siècles. En France, on buvait son vin largement coupé d'eau. Il n'était pas rare d'y ajouter les produits les plus divers : pois, miel, résine, aloès, épices, eau de rose, herbes de toutes sortes, fumée. On allait même jusqu'à y tremper un fer rouge. D'autre part, les taverniers ne se gênaient pas pour vendre du vin... qui, en réalité, n'en n'était pas. En 1580, la Faculté de Médecine de Paris s'en était d'ailleurs plainte au Roi : « Pour le jour d'uy, à cause de l'insatiable avarice des hostelliers, taverniers, cabarettiers, il n'est pas possible de boire une seule goutte de vin pur ou naturel, sans aucune brouillerie d'autres liqueurs ou drogues... Au temps des vendanges, devant que les vins soient esbouillis et rassis, ils y mixtionnent du cidre, du poiré, du verjus ; aux bons vins de France ils mélangent des vins étrangers, corrosifs ou malfaisants, et ont pour accoutumé de deux pièces en faire trois. Ils déguisent les vins en substance et qualité en leur donnant des goûts plaisants et gracieux, avec sucres, miel, muscade ; ils augmentent les forces des débiles avec alun, cendres, gingembre ; leur couleur avec tournesol et rasure de bois ». Très vite cependant, il va prendre une place importante dans les habitudes alimentaires des Français. Nulle comparaison avec le chocolat, le café, le thé ou la pomme de terre, qui mirent tous plus d'un siècle à s'imposer !

L'œnologie, ou l'étude du vin, est donc une science toute neuve. Certes, on a de tous temps loué ou blâmé le vin pour ses qualités ou ses effets malfaisants, mais on ne le connaît réellement que depuis le début de notre siècle. Dans « Le mangeur du XXe siècle », Jean-Paul Aron le confirme : « La bourgeoisie s'applique à se faire reconnaître par la table (...), [mais] il y a une profonde carence de l'œnologie et, en ce temps de code alimentaire, un défaut des règles strictes sur l'appropriation de la boisson à la chère ».

Il est donc grand temps de prendre le taureau par les cornes et de se plonger dans l'étude. Car ce livre a (aussi) pour but de vous donner envie d'en savoir plus et de vous pousser à consulter d'autres ouvrages, plus techniques, plus spécialisés.

VIN ET LITTÉRATURE

Si l'œnologie est une science nouvelle, le vin, pour sa part, a toujours été présent dans la littérature française. Il fut tantôt évoqué comme un moyen de fuir le quotidien, d'adoucir les peines et d'atténuer les souffrances, tantôt comme une aide puissante à la création artistique, un moyen d'accéder à ses rêves et de délivrer l'esprit. En effet, l'homme s'élève lorsqu'il boit du vin, dont il tire des forces vitales. Tous nos auteurs s'accordent donc à reconnaître que cette boisson possède un pouvoir magique.

> *« On parle sans cesse de l'inspiration que les artistes*
> *conquièrent par l'usage des boissons fortes ; on*
> *nomme des musiciens et des poètes, qui ne peuvent*
> *travailler qu'ainsi (les peintres, autant que je sache,*
> *ont échappé à ce reproche). Je n'en crois rien ! Mais*
> *il est certain que, dans l'heureuse disposition, je*
> *pourrais dire sous la constellation favorable où*
> *l'esprit passe de l'incubation à la création, la*
> *boisson spiritueuse accélère la révolution des idées.*
> *Mon image n'est pas précisément noble, mais*
> *l'imagination me fait l'effet ici, d'une roue de*
> *moulin dont les flots qui s'enflent accroissent la*
> *rapidité. L'homme ingurgite du vin, et les*
> *engrenages intérieurs tournent plus vite. »*
> HOFFMANN
> Kreisleriana

Impossible, dans ces circonstances, de rédiger ce livre, qui prétend ouvrir des horizons nouveaux, sans faire partager les pensées et les envolées lyriques de nos écrivains célèbres. Surpris ?

Vous avez le droit de l'être. Pourtant, la preuve du lien qui unit vin et littérature vous sera donnée dans chacune des pages qui suivent. De là à affirmer qu'une bonne partie des meilleures pages de notre patrimoine littéraire n'existeraient pas sans le vin, il n'y a qu'un pas...

> *« Toute civilisation qui se préoccupe de survivre doit accomplir ses devoirs envers le vin.*
> *Le maintien d'un grand cru est la plus durable des écoles d'art (...).*
> *Un peuple qui ne sait plus boire cessera bientôt d'écrire, de penser, de peindre...*
> *On ne créera plus, mais l'on continuera à faire semblant.*
> *Il y aura toujours autant de livres, autant d'expositions, et sans doute davantage encore, parce qu'il n'y aura plus de bons juges. »*
> Raymond DUMAY
> La mort du vin.

> *« Essayez d'imaginer, quelques secondes seulement, que le vin n'existe pas.*
> *En tout honnêteté, n'y a-t-il pas des moments dans la vie où il vous a aidé à faire ou à recevoir des confidences ?*
> *Ne vous a-t-il pas fait vivre des minutes délicieuses où tout paraît aisé et réalisable ?*
> *Ne vous a-t-il pas fait aimer ou rencontrer les autres plus facilement ?*
> *Ne vous a-t-il pas, quelquefois, fait prendre une décision plus vite ?*
> *Ne vous a-t-il pas simplement fait vivre des plaisirs infinis où s'épanouissent les parfums qu'aucun autre aliment ne procure ?*
> *Si le vin n'existait pas ?*
> A. de CHANOUR
> Recette pour refaire le monde.

EXCIPIENT

Pour faire passer en douceur le mélange agriculture, culture et histoire, une pointe d'humour s'avérait indispensable.

Malheureusement, il semblait difficile de plaisanter sur des noms de cépages ou d'appellations contrôlées sans tomber dans les jeux de mots à la fois fades et laborieux. On ne pouvait non plus falsifier ce qui a pu être dit ou écrit, sous peine de se voir accuser de détournement d'idées. La meilleure solution consistait donc à illustrer l'ouvrage, en toute liberté, de multiples dessins.

1
LA CLASSIFICATION

V.Q.P.R.D., A.O.C., V.D.Q.S.

Ces abréviations, fort intimidantes pour le néophyte, n'auront plus de secret pour vous dès que vous aurez lu ces quelques lignes.

Les Vins de Qualité Produits dans des Régions Déterminées (V.Q.P.R.D.). Les V.Q.P.R.D. forment une grande famille regroupant les A.O.C. et les V.D.Q.S.

Les Appellations d'Origine Contrôlée (A.O.C.).
Les A.O.C. sont des vins provenant d'aires délimitées géographiquement à l'intérieur d'une région vinicole. Les cépages, réglementés, sont choisis au départ pour leur aptitude à donner le meilleur vin possible en fonction du climat et des terrains. À partir de là, on réglemente également la façon de cultiver et d'entretenir la vigne, ainsi que le rendement à l'hectare (on fixe un maximum à ne pas dépasser).

Les différentes méthodes employées pour obtenir le vin obéissent donc à des règles strictes. En outre, le vin sera obligatoirement soumis, aux divers stades de son évolution, à des dégustations de professionnels. En conclusion, on peut considérer que le terme « contrôlée » est pleinement justifié.

Les Vins Délimités de Qualité Supérieure (V.D.Q.S.).

Comme les Appellations d'Origine Contrôlée, les V.D.Q.S. sont soumis à des règles de production très strictes (région d'origine, encépagement, méthodes de vinification). Toutefois, leur notoriété est bien moindre.

Ainsi, un vin qui passe de V.D.Q.S. à A.O.C. bénéficie d'une promotion incontestable qui entraîne au moins trois grandes conséquences :

- Meilleure qualité due à des règles de production plus sévères.
- Prix plus élevés, les A.O.C. coûtant plus cher que les V.D.Q.S.
- Promotion auprès du public par l'événement que représente le passage de V.D.Q.S. à A.O.C. En outre, les A.O.C. étant vendus plus cher, il est plus facile de dégager des fonds pour en financer la publicité.

LES VINS DE PAYS

Le statut de « Vin de Pays » date de 1973. Les vins qui en bénéficient appartiennent à la catégorie des vins de table. Toutefois, à la différence de ces derniers, ils ont le droit d'indiquer leur origine géographique sur l'étiquette. Là, trois possibilité peuvent se présenter :

— Dénomination *régionale*, ou grande zone recouvrant plusieurs départements. Il en existe trois :

• Vin de Pays du Jardin de la France (couvrant une dizaine de départements de l'Ouest)

• Vin de Pays d'Oc (couvrant huit départements du Sud-Est)

• Vin de Pays du Comté Tolosan (couvrant onze départements du Sud-Ouest).

— Dénomination *départementale*, comme le Vin de Pays des Bouches-du-Rhône ou le Vin de Pays de la Sarthe. Une quarantaine de départements sont concernés.

— Dénomination de *zone géographique*, comme le Vin de Pays des Marches de Bretagne ou le Vin de Pays des Coteaux de Quercy. Une centaine de vins ont droit à cette dénomination. Les vins issus d'une zone géographique peuvent provenir de plusieurs départements.

Les Vins de Pays doivent, comme les autres, obéir à des règles de rendement, d'encépagement, de degré minimum. Ils sont également soumis à des analyses et à des dégustations.

2

LA DÉGUSTATION

ŒNOPHILE OU ŒNOLOGUE?

Il convient, avant toute chose, de bien faire la distinction entre un œnologue et un œnophile. Le titre officiel d'œnologue est réservé aux titulaires du très sérieux « diplôme national d'œnologue ». Les œnologues sont des techniciens hautement qualifiés qui ont fait leur métier de la connaissance et de la dégustation du vin. Ils officient sur le terrain bien sûr, mais aussi dans les maisons de négoce et les laboratoires des organismes officiels et privés. Ils participent aux dégustations de l'INAO (cf. p. 195) et peuvent aussi louer leurs services aux propriétaires, à qui ils prodiguent conseils et avis pour la vinification, les assemblages, le choix de faire vieillir le vin en barriques, etc. Les œnologues sont également reconnus comme experts auprès des tribunaux, pour les ventes aux enchères, etc.

Quant à l'œnophile, il est par essence, quel que soit son niveau de connaissances, un grand ami du vin, donc une personne qui s'y intéresse de près. C'est à lui que s'adresse ce chapitre.

Profondes joies du vin, qui ne vous a connues ?
Quiconque a eu un remords à apaiser, un souvenir
à évoquer, une douleur à noyer, un château en
Espagne à bâtir, tous enfin vous ont invoqué, dieu
mystérieux caché dans les fibres de la Vigne.
Qu'ils sont grands les spectacles du vin, illuminés
par le soleil intérieur !
Qu'elle est vraie et brûlante cette seconde jeunesse
que l'homme puise en lui !
Mais combien sont redoutables aussi ses voluptés
foudroyantes et ses enchantements énervants.
Et cependant dites, en votre âme et conscience, juges
législateurs, hommes du monde, vous tous que le
bonheur rend doux, à qui la fortune rend la vertu
et la santé faciles, dites qui de vous aura le courage
impitoyable de condamner l'homme qui boit du
génie ?
BAUDELAIRE
Les Paradis artificiels.

LE B.A.-BA DU GOÛTEUR

Avant de se lancer dans la dégustation, il importe de savoir qu'un vin se goûte d'abord avec les yeux. Jusque-là, rien de bien compliqué. Les choses se gâtent lorsque le nez entre en jeu. Car hélas ! l'odorat, qui doit en effet intervenir entre le moment où l'on contemple le vin et celui où on le boit, est le seul sens qui, chez le commun des mortels, n'a pas bénéficié d'un semblant d'éducation. Or, dès qu'on commence à faire plus ample connaissance avec le vin, on se rend compte que le nez participe au moins de moitié dans le plaisir que l'on peut tirer d'une dégustation. Il est donc temps de vous mettre au travail pour former votre odorat.

Comment ? me direz-vous. En emmagasinant des odeurs, que vous retrouverez par la suite dans les vins que vous goûterez. Attention, cela n'a rien d'évident ! En effet, si l'on n'a aucune peine à reconnaître l'odeur d'une pomme quand on voit le fruit, les choses se compliquent considérablement si l'on a les yeux bandés. Or, je ne sais si le vin fait très bien ou très mal les choses, mais entre les blancs, les rouges et les rosés, les vins vieux et les jeunes, il est peu d'odeurs de la nature que l'on ne retrouve dans ces divers breuvages. Aussi faut-il tout connaître. Vaste programme ! Inutile de vous affoler pour autant. Commencez tout simplement par vous habituer aux odeurs des choses que vous aimez : fleurs, feuilles des arbres, fruits, légumes...

EN DÉGUSTATION, IL N'Y A NI SURDOUÉS, NI DERNIERS DE LA CLASSE : IL Y A CEUX QUI S'ENTRAINENT RÉGULIÈREMENT, ET LES AUTRES.

DÉBROUSSAILLER LE TERRAIN
QUAND ON N'Y CONNAIT RIEN

Nul besoin d'avoir sous la main les jardins de Bagatelle ni les potagers du roy pour débuter votre apprentissage ; marchés et fleuristes citadins feront parfaitement l'affaire. Les promenades dans les bois et l'attention que vous porterez aux odeurs des choses et des gens parachèveront votre premier cycle d'éducation. Attention ! Je n'ai pas dit que vous retrouverez ensuite le parfum de votre petite amie dans un verre de vin : vous vous habituerez simplement, dans un premier temps, à vous servir de votre nez.

Cette première phase est essentielle, car elle vous permettra d'acquérir certains réflexes indispensables. Ainsi, chaque fois que vous boirez du vin, vous prendrez l'habitude de vous concentrer quelques secondes sur ses arômes et son goût. Vous tenterez également d'y associer mentalement au moins sa région d'origine puis, par la suite, son appellation et son millésime.

De temps en temps, vous prendrez le temps d'ouvrir ce livre — ou un autre — pour situer sur une carte la région d'où vient le vin que vous venez de boire. En effet, plus on a de points de références, plus il devient facile de mémoriser les choses.

 DITES-VOUS BIEN QUE POUR CONNAITRE LES VINS, IL FAUT EN AVOIR GOÛTÉ BEAUCOUP.

Toutes les occasions sont bonnes. Dans un bar à vin, par exemple, ne prenez pas une bouteille, mais plusieurs verres de vins différents. Dans les restaurants, si vous sentez vos voisins de table un tant soit peu intéressés par le sujet, proposez-leur d'échanger un demi-verre, simplement pour goûter. Encore une fois, avec la convivialité du vin, non seulement ce genre de démarche sera bien accueillie, mais vous aurez toutes les chances d'engager la conversation. Si, en outre, vous tombez sur des connaisseurs, vous sortirez de l'établissement un peu plus savant que vous ne l'étiez en entrant. Deux contre-indications toutefois : ne dérangez ni un couple en tête-à-tête amoureux (sauf si, visiblement, les deux convives ont épuisé tous leurs sujets de conversation !), ni une table d'hommes d'affaires réunis de toute évidence pour signer le contrat du siècle (pour ceux-ci, attendre la fin du repas).

Autre astuce : si le restaurateur ou le sommelier vous est sympathique (et en général la majorité le sont), n'hésitez pas à lui poser des questions pour en savoir plus, soit sur le vin que vous buvez, soit sur d'autres. Si la conversation s'engage bien et que vous êtes parmi les derniers clients, il y a fort à parier qu'il vous fera goûter un ou deux fonds de bouteille laissés par des clients.

> *Aucune substance consommable n'a la même*
> *complicité que le vin avec la parole. Non seulement*
> *il délie les langues, en rendant les buveurs bavards*
> *ou poètes selon leurs talents, mais il est aussi le seul*
> *produit dont la consommation exige un*
> *commentaire, puisque savoir en boire revient à*
> *savoir en parler.*
> Martine CHAPELAIN.

Ainsi ferez-vous vos premiers pas sur la route de la connaissance. Il ne vous en coûtera qu'un peu de temps, d'attention et de volonté.

AINSI, LA DÉGUSTATION N'EST PAS UNE SCIENCE INFUSE : POUR RECONNAITRE UN VIN, IL FAUT L'AVOIR DÉJÀ GOÛTÉ.

C'est un idéaliste : il n'a jamais aimé que le vin,
l'amour et le tabac
Jean CASSOU
(«La clef des songes» - XIXe)

PATIENCE ET LONGUEUR DE TEMPS
FONT MIEUX QUE FORCE NI QUE RAGE

L a dégustation pratiquée en amateur est une science relativement désopilante avec des phases de haut et de bas assez fréquentes. Les montagnes russes seraient une bonne comparaison : on peut, pendant un temps, avoir l'impression de faire d'immenses progrès, puis tout à coup... c'est le vide! Impossible de reconnaître un vin goûté à peine quelques jours auparavant. Tout s'embrouille, tout se mélange. Dans ce cas-là, patience! La meilleure chose à faire est de profiter de l'instant présent et de poursuivre vos efforts. Vous reviendrez alors tout naturellement à une phase ascendante.

LES PETITS DÉTAILS
QUI FONT LES GRANDS CONNAISSEURS

Le jour J - l'heure H

Pour bien des professionnels, la meilleure dégustation se fait... le matin. Je vois d'ici votre réaction ; on ne bondit pas et on se calme. Sachez tout d'abord que déguster ne veut pas dire *boire*, puisqu'en dégustation on recrache toujours le vin (eh oui !). De plus, il est certain que dans la matinée, nous sommes beaucoup plus réceptifs et avons le palais plus frais que le reste de la journée. Essayez, au moins une fois, et constatez vous-même ! La première surprise passée, vous vous rendrez compte que vous êtes probablement en train de réaliser les progrès les plus nets de votre (courte) expérience.

Ça vous dérange si je ne fume pas ?

La cigarette et le vin forment un éternel sujet à polémique. Ignorant tout du problème sur le plan scientifique, je m'en remets à mon expérience. Sur les trois personnes qui m'ont le plus aidé à progresser en dégustation, deux fumaient...

Il y a toutefois quelques règles de savoir-vivre à respecter impérativement :

— on ne fume pas lorsqu'on visite un chai ou une cave,

— on éteint sa cigarette lorsque l'on goûte un vin,

— dans une salle où a lieu un cours ou une séance de dégustation, on ne rentre pas avec une cigarette allumée, tout comme on ne s'asperge pas de parfum ou d'eau de toilette juste avant de venir.

S'il est vrai que la fumée, et l'odeur qu'elle dégage, sont gênantes au moment précis où l'on goûte, il existe chez les bons dégustateurs, viticulteurs et œnologues, un pourcentage de fumeurs au moins égal à la moyenne nationale.

Pour faire Pro
sans en faire trop

Les gestes

— Pour une vraie dégustation de pro, ne remplir son verre qu'au tiers.

— Quand le verre s'y prête, le tenir par le pied, ou mieux encore par la partie plate inférieure.

— Sentir déjà une première fois, après en avoir regardé la couleur.

— Agiter ensuite doucement le verre dans un mouvement tournant (d'où le 1/3 seulement), ce qui a pour effet d'aérer la boisson et de libérer de nouveaux arômes.

— Humer une deuxième fois : vous sentirez des parfums différents.

— Ensuite, deux possibilités :

• Vous vous trouvez dans une situation qui ne vous permet pas de recracher : goûtez et, au moment où le vin est dans votre bouche, faites pénétrer un peu d'air (un peu comme si vous faisiez un gargarisme, mais sans mettre la tête en arrière et sans faire trop de bruit). C'est ce que l'on appelle *mâcher* le vin. Cela libère des goûts que l'on n'aurait pas sentis au premier abord. Avalez alors et soyez attentifs à la longueur, c'est-à-dire au temps que met la sensation du goût à disparaître totalement.

• Vous pouvez vous permettre de recracher : dans ce cas, procédez comme précédemment, mais recrachez le vin dans un seau ou un récipient prévu à cet effet après l'avoir mâché. Le fait de ne pas avaler permet d'une part de goûter plusieurs vins différents sans être complètement ivre, et d'autre part de garder la bouche fraîche et réceptive plus longtemps.

Au moment de recracher un vin, le *nec plus ultra* consiste à faire sortir de sa bouche une sorte de jet continu, puissant, en visant le récipient pratiquement sans se pencher. Cette technique fort délicate s'acquiert parfaitement avec un entraînement suivi et régulier, que vous pourrez pratiquer deux fois par jour dans votre salle de bains, en vous lavant les dents.

Les attitudes

Pour impressionner vos invités, amis ou relations, ingurgitez l'un des chapitres de ce livre avant leur arrivée, servez un vin correspondant à la région que vous venez d'étudier et livrez ensuite aux convives réunis vos connaissances toutes fraîches. L'effet est assuré !

En présence d'un professionnel ou d'une personne nettement plus calée que vous, glissez, au fil de la conversation, d'un air inspiré si possible, une citation, des vers, une maxime ou un dicton ayant trait au sujet. Vous ferez ainsi davantage impression qu'en essayant d'étaler vos maigres connaissances. De même, vous aurez toujours intérêt à dire que vous ne connaissez pas vraiment le sujet, mais que « vous vous y intéressez », car si vous parvenez ensuite à saisir l'occasion de placer quelques mots sur une région ou sur un vin que vous possédez bien, vous n'en tirerez que plus de prestige. Et encore une fois, si vous ne jouez pas à « Monsieur-je-sais-tout », vous ferez plus facilement ressortir le côté pédagogue de votre interlocuteur ; s'il parle bien du vin, vous risquez de passer un fameux moment.

Le vin constitue un grand danger, car ce n'est pas la vérité qu'il tire à la surface. Au contraire, il révèle, en particulier, l'histoire passée et oubliée de l'individu, non sa volonté présente. Il jette capricieusement au jour même les petites idées dont il s'est amusé à une époque plus ou moins récente et qu'il a oubliées depuis lors. Il ne s'inquiète pas de ce qui est biffé et lit tout ce qui est encore perceptible dans notre cœur.
Italo SUEVO (1861-1928)
La Conscience de Zéno (1923)

TIRER LES CONCLUSIONS
QUI S'IMPOSENT

Si le premier apprentissage vous a mis l'eau à la bouche, plusieurs possibilités se présentent :

• Vous estimez être suffisamment sensibilisé au problème pour satisfaire vos plaisirs personnels. Quelques bons livres, une ou deux revues spécialisées (voir nos conseils p. 191) et une bonne bouteille de temps en temps suffiront à entretenir une marotte pas si dévorante que cela.

• Vous souhaitez en savoir plus et appronfondir le sujet. Partez passer vos week-ends dans les vignobles en organisant un peu vos tournées à l'avance (adressez-vous aux organismes professionnels, voir adresses p. 195) et inscrivez-vous à des cours de dégustation. Les deux solutions sont bonnes car tôt ou tard vous sympathiserez avec des professionnels et des propriétaires qui compléteront vos connaissances. Le tout doit être assorti d'une solide bibliothèque.

• Si, malgré tout cela, vous n'êtes pas parvenu à étancher votre soif, si une passion dévorante vous a envahi et si vos nuits sont peuplées de rêves merveilleux à l'image de ce texte :

... Dans la rue l'attendait un spectacle merveilleux. Des dizaines et des dizaines de bouteilles, de crus les plus divers, déambulaient sur le trottoir, les unes solitaires, les autres par rangées. Un moment, il suivit des yeux avec amitié le couple charmant que formaient un bourgogne râblé et une fine bouteille d'Alsace au col élancé. Puis avisant un clochard qui se recommandait à lui par son aspect poussiéreux, il s'en approcha et l'étourdit d'un seul coup de ringard (...). Emmené au poste de police, il y manifesta le désir de boire le commissaire. Aux dernières nouvelles, Duvilé est dans un asile d'aliénés et il

semble qu'il ne soit pas près d'en sortir car les
médecins l'ont mis à l'eau de Vittel...

Marcel AYMÉ
Le Vin de Paris

— lâchez tout pour devenir sommelier,
— vendez tout pour acheter un vignoble.

... Seigneur, l'homme est divin,
Dieu n'avait que l'eau, mais l'homme a fait le vin.

Victor HUGO
Les Contemplations

LA MADELEINE DE PROUST, VOUS CONNAISSEZ?

Quand vous aurez un peu progressé sur le sentier sinueux de la dégustation, vous vous rendrez compte qu'il n'existe pas d'art plus subjectif. Entrent en ligne de compte non seulement les sens, mais aussi les goûts qui s'y rattachent. Ce n'est pas tout : ce serait trop facile! Les souvenirs interviennent également. Les circonstances dans lesquelles vous avez bu un certain vin ont leur importance. De même, les arômes viennent parfois rappeler des situations vécues tout à fait indépendamment du vin...

Ainsi, il ne faut jamais avoir honte d'avoir éprouvé mille fois plus de plaisir à boire un petit vin de Savoie sur une terrasse ensoleillée avec l'homme ou la femme de votre vie qu'à goûter un cru classé d'un grand millésime avec un client ennuyeux. Toutefois, n'en voulez pas pour autant à votre entourage d'être plus disert et enthousiaste en évoquant un cru classé qu'en parlant de ce petit vin de Savoie rapporté de votre escapade amoureuse!

3

L'ÉLABORATION DU VIN

« Aucune boisson ne peut être fabriquée, détenue, transportée en vue de la vente ou vendue, sous le nom de vin que si elle provient exclusivement de la fermentation du raisin frais ou du jus de raisin. »

(définition de la Commission Économique Européenne)

INGRÉDIENTS

Dans une bouteille de vin, il y a :
- un sol et un climat,
- un ou des cépages,
- un savoir humain.

Entrent donc en jeu :
- des règles de vie naturelles (cycle de la vigne, évolution des vins),
- des règles de vie humaines (lois, techniques, connaissances).

Le sol et le climat

Terre et climat existent par eux-mêmes; il est impossible de les modifier, mais on peut les utiliser, les exploiter et y adapter les cépages le mieux possible. Ils sont, de toute façon, inchangeables et intransportables.

Les cépages

On appelle *cépages* les différentes variétés de plants de vigne.

Le génie du vin est dans les cépages.
Olivier DE SERRES

La vigne existe à l'état naturel, mais livrée à elle-même, elle pousse comme une sorte de liane et donne des grappes d'une taille si ridicule qu'il serait totalement impossible d'en tirer la moindre goutte de vin. Au fil du temps, les cépages ont donc dû être sélectionnés, greffés, etc.

Les plus diverses sortes d'eau se mêlent entre elles et ensemble forment un germe; distillées par les plantes que produit la terre, elles reçoivent alors le nom de sucs; par l'effet de ces mélanges, les divers sucs présentent une grande hétérogénéité, aussi ont-ils donné de nombreuses variétés, la plupart sans nom; quatre de leurs espèces toutefois, celles qui contiennent du feu, étant les plus remarquables, ont reçu des noms : celle qui réchauffe l'âme en même temps que le corps, c'est le vin...
PLATON

Il existe en France une centaine de cépages. Chacun d'eux est plus ou moins adapté à une zone géographique précise, en dehors de laquelle il perd sa personnalité et ne donne pas de bons résultats. De plus, le vin de chaque cépage possède une saveur et un bouquet particuliers qui évoluent de façon bien spécifique.

La vigne et le vin sont de grands mystères. Seule
dans le règne végétal, la vigne nous rend intelligible
ce qu'est la véritable saveur de la terre. Quelle
fidélité sur la traduction!
COLETTE
Prisons et paradis

Il existe bien sûr des vins élaborés à partir d'un seul cépage.
Le plus souvent cependant, les grands vins sont issus de plusieurs cépages dont les caractéristiques se complètent.

Du point de vue légal, toutes les variétés sont répertoriées par département, en espèces recommandées ou autorisées, et chaque vin d'origine ne peut être produit qu'avec des cépages qui figurent sur une liste spécifique.

Vinum lac senum (le vin est le lait des vieillards)

Le savoir-faire

Le savoir-faire humain concerne la conduite de la vigne et la maîtrise plus ou moins complète des phénomènes de la vinification. Il institue les lois qui, dans la phase finale, permettront à l'homme de boire le vin.

LA VINIFICATION

L'ensemble des opérations par lesquelles le raisin se transforme en vin est appelé *vinification*. La vinification se fonde sur deux éléments essentiels : un savoir-faire humain et un matériel technique. Or, au fil des ans, l'un et l'autre progressent : les connaissances œnologiques évoluent, entraînant avec elles la modernisation du matériel.

Toutes les qualités potentielles d'un vin existent déjà dans le raisin : c'est au cours de la vinification que ces qualités se développent ou disparaissent.

Il existe quatre grandes méthodes de vinification, qui produisent quatre grandes catégories de vins :
• le vin rouge
• le vin blanc
• le vin liquoreux
• le vin rosé
Chacune d'elles présente de multiples variantes en fonction des cépages, des régions, des années et du savoir-faire humain.

Le vin rouge

Une grappe de raisin est formée d'une sorte de branche avec de multiples petits « bras » qui maintiennent les grains groupés : c'est la *rafle*. Lorsqu'on fait du vin rouge, on commence par séparer les grains de la rafle. C'est ce qu'on appelle l'*égrappage*. Cette opération est réalisée le plus souvent mécaniquement. On procède ensuite au *foulage*, qui fait éclater les grains pour en recueillir le jus. Le produit du foulage s'appelle le *moût* : c'est un mélange de pulpe, de pépins et de peau de raisin.

Le produit obtenu est mis en cuve. Là, commence la fermentation alcoolique. Le moût se trouble, chauffe, des bulles se dégagent. Ces réactions chimiques ont deux effets :

— Elles transforment en quelques jours le sucre naturel en alcool et en gaz carbonique.

— Elles modifient toutes les substances contenues dans le moût.

Ce sont ces substances qui conféreront au vin son goût et ses caractéristiques propres.

Un degré d'alcool est obtenu par la fermentation de 16 à 18 grammes de sucre.

Le vin est fils du soleil et de la terre, mais il a eu le travail comme accoucheur. Comme les grandes œuvres et les grandes pensées, il ne sort pas du pressoir tout prêt pour être englouti par un estomac avide et distrait. Il lui faut la collaboration de l'art, de la patience, du temps et de l'attention. Il lui faut un long séjour dans la nuit pour arriver à ce chef-d'œuvre de chaleur où le cerveau trouve autant d'émerveillement que le palais. Le vin est le professeur du goût et en vous formant à la pratique de l'attention intérieure, il est le libérateur de l'esprit et l'illuminateur de l'intelligence.

CLAUDEL

Le **tanin** est une substance de saveur amère que l'on trouve dans le raisin, mais aussi dans d'autres végétaux. Il assure au vin sa capacité de longue conservation et son développement gustatif en bouteille. Lorsque l'on commence une vinification, on élimine la rafle car elle contient des tanins grossiers qui, en se diffusant dans le jus, en altéreraient la finesse et le fruité.

Au cours de la fermentation, le gaz carbonique soulève tous les éléments solides contenus dans le moût. Ces éléments forment en haut de la cuve une masse compacte appelée *chapeau* ou *marc*. Des échanges s'effectuent entre le moût fermenté et le marc. Pour permettre une meilleure macération, on peut pratiquer le *remontage*, c'est-à-dire provoquer une circulation forcée du moût dans le marc flottant à la surface. Ce qui permet de mieux en extraire la couleur et les tanins.

C'est **Pasteur** qui découvrit le rôle fondamental des levures et des bactéries responsables des fermentations. Le chimiste **Lavoisier** montra que le sucre est transformé en alcool et en gaz carbonique. **Gay-Lussac** donna ensuite une représentation mathématique de la réaction.

Qu'est-ce que le vin ? C'est un corps vivant où se tiennent en équilibre les « esprits » les plus divers, les esprits volants et les esprits pondérés, conjonction d'un ciel et d'un terroir. Mieux que tout autre végétal la vigne trouve l'accord des mercures de la terre donnant ainsi au vin son juste poids. Elle travaille tout le long de l'année en suivant la marche du soleil à travers tous les signes zodiacaux. Le vin n'oublie jamais, au plus profond des caves, de recommencer cette marche du soleil dans les « maisons » du ciel. C'est en marquant ainsi les saisons qu'il trouve le plus étonnant des arts : l'art de vieillir. D'une manière toute substantielle, la vigne prend à la lune, au soleil, à l'étoile tous les feux des vivants. Ainsi un vin appelle le plus sensible des horoscopes.
Gaston BACHELARD

La fermentation alcoolique dégage des calories. Tout l'art du vigneron réside dans la maîtrise de ce dégagement de chaleur. Les températures, pour un vin rouge, doivent osciller entre 25 et 30 degrés.

De même qu'il existe des cuisiniers ou des interprètes plus ou moins bons, on trouve des vinificateurs plus ou moins talentueux. La vinification, en effet, est loin d'être une science exacte : c'est un mélange de pratiques ancestrales et de techniques résolument modernes, compliqué de réactions chimiques souvent mal connues. Le bon vinificateur sera donc celui qui, avec le produit de la vendange, différent chaque année, effectuera la meilleure synthèse possible entre son expérience et les moyens techniques dont il dispose.

LA CHAPTALISATION

Pauvre Jean-Antoine Chaptal, s'il avait pensé qu'un jour on ferait de son nom un terme si barbare!

Tout cela parce qu'un jour, il fit une découverte de laquelle il tira une recette : « ... dans un deuxième temps, dissoudre le sucre ou la mélasse dans le moût pour atteindre la consistance comparable au degré des bonnes années ».

Sévèrement réglementée par la loi et réservée à des cas bien précis, la chaptalisation permet, les mauvaises années, de « rattraper » des moûts insuffisamment riches en sucre.

La maîtrise des températures a été considérablement améliorée grâce au progrès technique. Aujourd'hui, toutes les exploitations ou presque sont équipées de cuves en inox spécialement conçues : désormais, en cas de chauffe excessive, un système spécial permet de faire ruisseler de l'eau froide sur les parois extérieures de la cuve.

Selon le temps de macération (entre 3 et 21 jours), on obtiendra des vins de caractères différents : un moût peu macéré donne des vins légers à boire jeunes, tandis qu'une macération plus longue produit des vins plus corsés, aptes à vieillir. Autrement dit, le vin est une sorte d'infusion. Ainsi, comme pour toute infusion, il faut ensuite séparer la partie solide de la partie liquide. C'est ce que l'on fait par le *soutirage*. Le vin qui sort de la cuve s'appelle *vin de goutte*, alors que celui qu'on obtient par pressurage du marc s'appelle *vin de presse*. Ce dernier est bien évidemment beaucoup plus riche en tanins et substances concentrées que le vin de goutte.

Vin de presse et vin de goutte sont ensuite remis séparément en cuve, où ils incubent pendant quelques semaines à une température d'environ 18-20 degrés. C'est au cours de cette incubation que se passe la *fermentation malolactique*. Cette deuxième fermentation entraîne une diminution de l'acidité du vin et l'apparition d'une certaine rondeur. Le vin « s'assouplit », l'acide malique (vert, agressif au palais, rappelant un peu la pomme) étant transformé par les bactéries en acide lactique (plus tendre au palais). Les connaissances relatives à cette *fermentation d'achèvement* sont assez récentes, et l'on ne sait pas encore pourquoi cette dernière peut se déclencher aussi bien tout de suite après la fermentation alcoolique (ce qui est préférable pour la qualité du vin) que plusieurs semaines après.

Un grand vin rouge ne deviendra jamais parfait, quel que soit le soin apporté et quel que soit le nombre d'années de vieillissement, s'il n'a pas « fait sa malo », c'est-à-dire subi sa fermentation secondaire.

A ce stade, on peut considérer que la vinification proprement dite est terminée, mais le vin n'est pas prêt pour autant !

Des décisions cruciales restent à prendre : elles concernent les assemblages. Jusqu'à présent, nous avons vu que les fermentations se menaient cuve par cuve, et que vin de goutte et vin de presse étaient conservés séparément. Chaque cuve a donc vécu sa vie propre ; il s'agit à présent d'obtenir un ensemble homogène avec des vins qui proviennent souvent de cépages différents. Il faut aussi, selon la qualité du millésime, ajouter au vin de goutte plus ou moins de vin de presse. Il n'y a pour cela aucune loi : c'est l'intuition qui guide le vigneron, qui tient compte du millésime, de la qualité de la vendange et de la richesse en tanins de chacune des cuves. L'assemblage réalisé est irréversible : une fois les contenus de différentes cuves mélangés, il n'est plus question de revenir en arrière et de les séparer.

La vigne, fille du déluge, et signe mystérieux de
notre Salut !
Ah, s'il méprise la grappe, il ne fallait pas planter
la vigne, et qui méprise le calice, il ne fallait pas
planter la joie !
Qui donc a inventé de mettre le soleil dans notre
verre comme si c'était de l'eau qui tient toute
ensemble, exprimant cette grappe qui s'en est de
longs mois gorgée ?
Qui donc a inventé de mettre le feu dans notre
verre, le feu même et ce jaune-et-rouge qu'on remue
dans le four avec un crochet de fer
Et la braise du patient tison ?
CLAUDEL.
Le Cantique de la vigne

Le vin rouge destiné à vieillir est mis dans des fûts de bois pendant un à deux ans, temps nécessaire à sa stabilisation et à son développement. La première année, le vin est placé dans une barrique dont la fermeture, ou *bonde*, n'est pas hermétique. Pendant cette phase de repos, on veille à ce que les barriques soient toujours pleines, pour éviter toute oxydation du vin. Peu à peu, les corps en suspension dans le vin tombent au fond du récipient. On soutire le vin au fur et à mesure pour le placer dans une barrique propre. Cette opération se fait donc plusieurs fois dans l'année. Selon la qualité des crus, le vin pourra vieillir une deuxième année dans un tonneau, qui sera alors fermé hermétiquement par simple retournement, la bonde bien enfoncée sur le côté.

Au cours de son vieillissement, le vin subit maints contrôles. De multiples analyses sont réalisées en laboratoire, et l'on procède également à de nombreuses dégustations.

Le ouillage consiste à rajouter du vin dans une barrique afin qu'elle soit bien pleine et que le vin ne s'oxyde pas au contact de l'air.

Une barrique est un récipient en bois de chêne destiné à recevoir du vin et dont la capacité varie selon les régions : 225 litres dans le Bordelais, 230 litres dans le Maine-et-Loire, 240 à 250 litres dans la Sarthe.

Une pièce est une mesure valant 228 litres en Bourgogne, 243 à 258 litres en Touraine, 180 à 230 litres dans la Nièvre.

Le fût de bois, exclusivement en chêne, apporte au vin des arômes vanillés s'accordant bien à ceux du fruit. Le bois servant à la fabrication des tonneaux doit être fendu, et non scié, pour que toutes les fibres soient parallèles. De plus, il doit avoir séché trois ans avant d'être utilisé.

Contrairement à ce que l'on pourrait penser, on utilise des fûts neufs pour faire vieillir le vin.

Quand le vin est prêt, qu'il ait vieilli en fûts ou non, il doit, avant d'être mis en bouteille, subir un *collage.* Le collage est une clarification qui supprime, en les entraînant vers le bas, toutes les particules qui pourraient encore se trouver en suspension. Pour cela, on se sert de blancs d'œufs ou de gélatine qui, en « traversant » le vin, le filtrent une dernière fois et lui apportent de la brillance.

Le vin blanc

Il existe deux différences fondamentales entre la vinification en rouge et la vinification en blanc :
• on ne fait du vin blanc qu'à partir du jus de raisin pur, et non avec l'ensemble « peau-pulpe-pépins »,
• le vin blanc se fait à des températures plus basses que le rouge, environ 18 à 20 degrés.

L'une des phases délicates du processus de fabrication est donc la séparation entre le jus et le reste de la grappe. Selon les régions, on presse les grappes entières ou, comme pour les vins rouges, on procède d'abord au foulage pour faire éclater les grains, qui sont ensuite pressés. Le jus trouble ainsi obtenu est mis à *débourber,* c'est-à-dire à reposer, pour que toutes les impuretés tombent au fond de la cuve.

Règle essentielle à respecter : toutes ces opérations doivent s'effectuer rapidement, afin de limiter au strict minimum le contact avec l'air. En effet, le moût de raisin et le vin blanc jeune sont extrêmement sensibles à l'oxygène, qui en détruit l'arôme et le fruité et en fonce la couleur.

Vient ensuite, comme pour le vin rouge, la fermentation alcoolique. Elle dure 8 à 20 jours et s'effectue à une température de 18 à 20 degrés. Elle est souvent plus lente que celle des vins rouges, car le jus ne possède pas d'éléments solides. L'une des difficultés est donc de déterminer le temps de fermentation idéal.

La vinification achevée, les vins blancs, que l'on boit jeunes et frais, sont généralement conservés en cuves « sous-vide d'air », à basses températures, afin de limiter leur évolution et préserver leurs arômes. En revanche, les vins blancs méritant de vieillir peuvent faire un passage en fûts de chêne ; ils subiront alors une oxydation *ménagée*, c'est-à-dire relative, et les échanges qui s'effectueront alors entre le vin et le bois en feront des vins blancs de garde.

Comme les rouges, les vins blancs seront clarifiés avant d'être mis en bouteille.

Les blancs de blanc et les blancs de noir

Il ne s'agit ni d'une distinction raciale ni d'une règle de solfège, mais simplement d'une précision sur le cépage : naturellement, on obtient des vins blancs à partir de raisins blancs à jus blanc. C'est le blanc de blanc. Mais on peut aussi utiliser du raisin dont la peau est noire et la pulpe blanche. L'enveloppe du grain étant la matière colorante, il faut simplement que le pressurage se fasse rapidement pour que le jus ne se colore pas ; c'est le blanc de noir.

Les vins moelleux et liquoreux

Les vins liquoreux sont élaborés à partir de raisins qui sont en général récoltés bien après les vendanges des rouges et des blancs. A cela, une raison très simple : il faut, pour élaborer les liquoreux, des raisins *sur-mûris*, c'est-à-dire beaucoup plus sucrés que les autres. On laisse donc s'installer sur les grains de raisin un champignon au joli nom de *botrytis cinerea*. Conjuguée aux périodes humides et fortement ensoleillées de fin d'automne, cette *pourriture noble* provoque une importante concentration de sucres et la production de composés nouveaux qui, lors de la vinification, confèrent à ces vins des qualités particulières. Inutile de préciser que ce champignon ne se développe de manière positive que sur certains cépages parfaitement mûrs. Sur d'autres, il peut provoquer des catastrophes. La pourriture n'est plus noble du tout : elle devient *pourriture grise*.

En l'absence de pourriture noble, même avec des vins concentrés, les vins liquoreux n'existeraient pas. Les vendanges destinées à produire ces vins sont plus lentes et nécessitent une attention particulière. On récolte grappe par grappe et on repasse plusieurs fois dans les mêmes rangs à plusieurs jours d'intervalle. Dans certaines propriétés prestigieuses, on n'hésite même pas à vendanger grain par grain.

Un **vin liquoreux** est un vin blanc riche en sucres naturels non fermentés. Il est onctueux et a un aspect sirupeux.

Les **vins moelleux** sont des vins blancs ayant une douceur et un aspect intermédiaire entre les vins liquoreux et les vins secs.

Des raisins normalement mûrs renferment environ 170 à 200 grammes de sucre, des raisins atteints de pourriture noble peuvent en contenir jusqu'à deux fois plus.

Or, au moment de la vinification, une partie seulement de ces sucres se transforme en alcool. Il reste donc dans le vin des sucres résiduels, c'est-à-dire encore à l'état de sucre et non d'alcool. C'est ce qui donne les vins liquoreux.

Le vin rosé

Le vin rosé est un intermédiaire entre le vin blanc et le vin rouge. Il existe deux méthodes pour l'obtenir :

• soit on presse directement une vendange de raisins noirs suffisamment mûrs pour que la peau teinte directement le moût, et l'on applique ensuite les méthodes de vinification des vins blancs ;

• soit, toujours avec des raisins à peau noire, on applique la même méthode que pour les vins rouges, mais en limitant la macération, ou infusion, à quelques heures. Quand le moût acquiert la couleur désirée, on pratique une *saignée*, c'est-à-dire que l'on retire de la cuve les moûts, qui sont mis en fermentation.

Il n'y a pas de définition légale d'un rosé. Suivant les régions, ils peuvent aller du rose au légèrement gris, très pâle, au rosé extrêmement foncé, presque rouge.

L'exception qui confirme la règle

Nous l'avons vu, les vins rosés ne sont pas un mélange de vins rouges et de vins blancs. La législation s'y oppose formellement. De plus, cela donnerait des résultats fort surprenants !

Seule exception, les Champenois : c'est en ajoutant au vin blanc du vin de champagne rouge, le Bouzy, que l'on obtient le champagne rosé.

Comme nous l'avons constaté, le vin est un produit vivant. Il est donc tout à fait normal que l'on trouve parfois du dépôt dans les bouteilles. Ce dépôt fait partie de l'évolution du vin qui, en vieillissant, perd de l'acidité et de la couleur. Le dépôt peut être cristallin, y compris sur les bouchons, ou plutôt coloré.

« *Avez-vous entendu, comme moi, parler de ce médecin de Paris qui prescrit souvent un verre de vin à ses patients ? On dit qu'il soigne de nombreuses maladies avec de telles ordonnances.*

— Cher ami, non seulement je l'ai tout à fait entendu dire, mais je dois exprimer ma totale et entière approbation envers une médecine si naturelle.

— Médecine naturelle, soit. Quant à dire que le vin soit réellement un produit "naturel", je serais plus circonspect et n'emploierais pas ce mot dans son sens premier.

— Oui, je saisis votre pensée. Vous allez me dire : le vin ne peut qu'être élaboré, conservé et élevé par des artifices humains. La fermentation, phénomène des plus naturels, je vous l'accorde, par lequel le jus de raisin devient du vin, si elle était livrée au hasard, deviendrait vite la proie des maladies et autres accidents et ne produirait que du vinaigre...

— Et encore, du mauvais vinaigre... A l'inverse, il est extraordinaire de se figurer que, conduite et surveillée, cette série de réactions qualifiables de chimiques ait pour résultat de contribuer à conférer au vin qu'elle produit toutes ses sensations olfactives et gustatives.

— *Il convient en effet de souligner l'immense complexité du processus, la richesse des réactions mises en œuvre et, il faut l'avouer, nos connaissances encore très limitées en cette matière. Étrange, lorsque l'on a à l'esprit que le vin est constitué pour une grande majorité...*

— *...d'eau. Oui d'eau, et pas de n'importe laquelle. On dit que l'eau du vin est une eau minérale qui ne contient presque pas de sel. Voilà qui est parfait pour rompre l'affreuse monotonie des régimes où ce condiment est interdit! Songez aussi, mon ami, que de nombreuses bactéries ne résistent pas longtemps aux pouvoirs antiseptiques du vin : les bacilles de la typhoïde en meurent, tandis que le vibrion du choléra plie vite fait armes et bagages. Quant aux colibacilles, hôtes souvent indésirés de nos intestins, staphylocoques et autres streptocoques, ils ont vite fait de fuir, sachant pertinemment qu'ils n'auront pas le dessus.*

— *Vous oubliez d'ajouter, mon cher, que les tanins du vin rouge ont aussi une action tout à fait redoutable sur tous les virus se transmettant par l'eau. Peut-être la face du monde s'en serait-elle trouvée largement modifiée si, autrefois, nos ancêtres avaient su qu'additionnée au vin rouge d'un tiers de son volume, l'eau peut être bue sans danger.*

— *Cher confrère, j'allais y venir. Tout en précisant que les propriétés hygiéniques du vin sont relativement vite limitées par la présence de l'alcool. J'ajouterais aussi qu'il combat activement la pollution biologique des fruits, légumes et autres coquillages, consommables en toute sécurité, accompagnés de vin.*

— *Nous avons également omis d'évoquer cette vitamine P, contenue en grande quantité dans le vin, indispensable pour contenir hémorragies et œdèmes... »*

On peut aussi simplement boire du vin pour son plaisir.

Flavie LAROC
Conversations

Il se trouve dans le vin, à l'état potentiel et ne demandant qu'à se déclencher, toute la force emmagasinée du soleil, de l'ardent soleil qui a mûri la grappe, qui a doré le grain. Buvez du vin, car ainsi que l'a dit Landouzy, un litre de vin contient la huitième partie de la ration alimentaire de l'homme et les neuf dixièmes de sa bonne humeur. Buvez du vin, il vous nourrit, vous fortifie et vous préserve de la maladie. Buvez du vin, c'est un aliment, c'est un stimulant, c'est un médicament.

Docteur DIEULAFÉ
Professeur à la faculté de médecine de Toulouse

Nous allons maintenant étudier une à une les grandes régions vinicoles de France. Toutefois, pour éviter de sombrer dans la monotonie, nous avons intercalé, de temps à autres, quelques pages traitant de thèmes particuliers, toujours en rapport avec le vin.

L'ALSACE

Le Rhin, le Rhin est ivre où les vignes se mirent
Tout l'or des nuits tombe en tremblant s'y refléter
La voix chante toujours en râle - mourir
Ces fées aux cheveux verts qui incantent l'été
Mon verre s'est brisé comme un éclat de rire.
APOLLINAIRE
Alcools

POUR NE PAS BOIRE IDIOT

Les vins d'Alsace se caractérisent par leurs arômes. On dit souvent qu'en buvant du vin d'Alsace, on a l'impression de croquer du raisin. La raison en est simple : les cépages sont particulièrement bien adaptés à un climat qui leur permet de mûrir très lentement et de se « perfectionner ».

Le vignoble d'Alsace s'étend entre Strasbourg et Mulhouse, sur les départements du BAS-RHIN et du HAUT-RHIN. Toute cette région constitue l'aire d'appellation « vins d'Alsace ».

A la différence de ce qui se passe dans les autres régions viticoles, les vins d'Alsace ne portent pas le nom des communes ou des lieux-dits où ils sont élaborés, mais celui des cépages dont ils proviennent. Une seule exception cependant, qui confirme la règle : l'Edelzwicker.

Il existe, en outre, deux appellations pour les vins d'Alsace :
- Alsace Grand Cru,
- Crémant d'Alsace.

Les cépages d'Alsace

L'Alsace produit des vins blancs à 95%.

Ces vins blancs sont fabriqués à partir des cépages suivants :
- le gewurztraminer,
- le riesling,
- le tokay d'Alsace ou pinot gris,
- le muscat,
- le pinot ou klevner,
- le sylvaner,
- le chasselas ou guttedel.

Un seul cépage pour les vins rouges et rosés :
- le pinot noir.

Le vin blanc aussi rougit le nez.
Proverbe alsacien

Le Riesling et **le Gewurztraminer** sont les deux cépages les plus prisés d'Alsace.

Le Sylvaner représente la plus grande part de la production (près de 25 %). Sylvaner et Edelzwicker sont les deux vins les plus consommés.

Le cépage Chasselas occupait autrefois une part très importante du vignoble alsacien. Il a énormément régressé et ne couvre plus maintenant que 3 % environ des surfaces plantées. Le peu encore produit sert en grande partie à élaborer l'Edelzwicker. C'est pourquoi on ne trouve pas de « vins d'Alsace - cépage chasselas ».

On ne peut pas toujours se passer de l'étranger; les bonnes choses sont souvent loin. Un Allemand ne peut souffrir les Français; mais pourtant il boit leurs vins très volontiers.

.GOETHE
La Taverne d'Auerbach

L'Edelzwicker

Edelzwicker n'est pas une appellation, mais une dénomination. Inscrite sur une bouteille de vin d'Alsace, elle indique que le vin en question provient d'un mélange de différents cépages. Tous les cépages exploités peuvent légalement entrer dans la composition de l'Edelzwicker. Cependant, il est reconnu que, compte tenu de leurs caractéristiques propres, ces cépages ne doivent pas interférer les uns sur les autres.

Dans certains villages alsaciens, on appelle l'Edelzwicker le « Gentil », dans le sens de « noble » (edel), comme dans « gentilhomme ».

Dans la pratique, le mot « Alsace » ou « vin d'Alsace » est très rarement utilisé seul sur les étiquettes : il est presque toujours suivi de la mention « Edelzwicker » ou du nom de son cépage.

Mieux vaut choquer les verres que les têtes.
Proverbe alsacien

Les deux appellations

L'Alsace Grand Cru est une appellation relativement récente (1975). Un Alsace Grand Cru doit provenir exclusivement des cépages riesling, gewurztraminer, pinot gris et muscat. Dans ce cas, la mention du millésime est obligatoire, et il peut être indiqué un lieu-dit d'origine (25 lieux-dits ont le droit de le faire).

Le Crémant d'Alsace est un vin mousseux élaboré selon la méthode champenoise (voir p. 123).

Si le Français s'immortalise,
On en sait la cause aujourd'hui;
Qu'un verre de vin l'électrise,
Un roc est moins ferme que lui.
Paul-Émile DE BRAUX (1796-1831)
L'Automne

Les vendanges tardives

Comme leur nom l'indique, ce sont des vendanges que l'on fait... tardivement. On peut également parler de « sélection de grains nobles », par analogie avec la pourriture noble qu'on laisse s'installer sur les raisins pour obtenir des vins liquoreux (voir p. 44).

Les vendanges tardives obéissent à des règles de production extrêmement sévères. Seuls les gewurztraminer, riesling, pinot gris, et parfois les muscats, sont autorisés à produire ces vins moelleux. Les producteurs n'arrivent pas à en obtenir tous les ans.

Trois châteaux sur une montagne
Trois églises dans un cimetière
Trois villes dans un val
Trois fourneaux dans une salle.
Voilà toute l'Alsace.
Dicton alsacien

Les trois châteaux du dicton sont probablement ceux de Ribeauvillé : le Gisberg, le Haut-Ribeaupierre et le Saint-Ulrich. La légende dit que les trois seigneurs se saluaient tous les matins en lançant une flèche d'un château à l'autre. Un jour, une flèche malheureuse tua l'un d'entre eux. Les deux autres passèrent le reste de leur vie à s'accabler mutuellement.

POUR BRILLER EN SOCIÉTÉ

• **Dans le style historique :** en 1871, date de l'annexion de l'Alsace par l'Allemagne, le vignoble choisit de produire la quantité au détriment de la qualité. Ce n'est que vers 1918, au retour de l'Alsace dans le giron français, que les cépages nobles furent introduits et, avec eux, la qualité réapparut.

• **Dans le style économique :** les vins d'Alsace constituent un peu moins de 10 % de la production totale des vins d'appellation française, et 20 % des vins blancs ; 25 % sont exportés. Le client privilégié est l'Allemagne fédérale (environ 70 % des exportations totales).

• **Dans le style linguistique :** retenir deux ou trois des lieux-dits autorisés à mentionner leur provenance, l'effet sera d'autant plus impressionnant s'ils sont prononcés comme il faut : Kastelberg (Casteulbergue), Moenchberg (Meunchbergue), Wibelsberg (Vibeulsbergue), de la commune d'Andlau ; Sommerberg (Zaumerbergue), commune de Katzenhal (Catsenhaal), et Nie dermoschwirr (Nideurmeuchvir) et Hatschburg (Atchbourg), commune de Vohgtlinshoffen (Veuglinsofen).

• **Dans le style botanique :** Sélestat, sous-préfecture du Bas-Rhin située en bordure du vignoble, est aussi la capitale du dahlia.

• **Dans le style anecdotique :** autrefois, les villages alsaciens plaçaient parfois sur le toit de leur maison de petits cœurs en terre cuite. Inaccessibles pour le passant, ces objets indiquaient qu'à l'intérieur de la maison ainsi désignée, un cœur solitaire attendait son prince charmant... vigneron.

• **Dans le style œnologique :** en Moselle, on produit deux vins :
— les Côtes-de-Toul, gris (rosés très clairs), blancs et rouges ;
— les vins de Moselle, rosés, gris, blancs et rouges.
Tous deux ne sont pas des A.O.C., mais seulement des V.D.Q.S. (voir p. 16).

LA CRISE DU PHYLLOXÉRA
(1863-1878)

C'est la catastrophe-référence de tous les vignerons de France. La vigne connaissait une période d'extension extrêmement faste lorsqu'un petit puceron venu d'Amérique fit soudain son apparition. Il allait dévaster la quasi-totalité du vignoble français. De nombreux traitements furent aussitôt tentés pour enrayer la maladie. Rien n'y fit : le puceron était tenace.

D'Amérique est venu le mal, d'Amérique vint le remède. Un certain Galiman, de Beaune, eut l'idée d'emprunter des cépages américains, vaccinés, qui ne craignaient donc pas le redoutable insecte.

Les premiers essais furent très décevants. Non adaptés à notre pays, les cépages américains donnaient des vins trop odorants. On disait d'eux qu'ils « renaudaient ». C'est de cette époque que date l'expression de « vin foxé » (de l'anglais *fox* : renard).

Bientôt, on eut l'idée de croiser les vignes françaises avec les plants américains. De là, naquirent des cépages producteurs très robustes et très résistants, qui furent peu à peu affinés par le greffage de vignes françaises sur lesdits hybrides.

Dès lors, la guérison fut en bonne voie. Malheureusement, tout cela avait pris beaucoup de temps et coûté beaucoup d'argent. De nombreuses régions, dont les terres n'étaient pas véritablement propices à la culture de la vigne, ne s'en remirent pas et abandonnèrent définitivement cette activité (le Nord notamment). En revanche, celles qui bénéficiaient de sols favorables doublèrent, voire triplèrent leurs surfaces plantées.

Comme un malheur n'arrive jamais seul, il se trouve que les Français choisirent précisément le moment de la crise pour accroître considérablement leur consommation de vin (1863-1878). Estimée à 51 litres par an et par habitant en 1851, celle-ci passera à 103 litres en 1926. Compte tenu de la faiblesse de la production nationale, le gouvernement français fut alors obligé d'autoriser l'importation de vins italiens et espagnols et d'encourager la plantation de vignes en Algérie.

BORDEAUX

*Bordeaux est une ville
curieuse, originale, peut-être unique.
Prenez Versailles et mêlez-y Anvers, et
vous aurez Bordeaux*

Victor HUGO

POUR NE PAS BOIRE IDIOT

La région de Bordeaux se divise en cinq grandes familles :
• Le MÉDOC, là où se trouve la grande majorité des vins les plus célèbres du monde.
• Au-dessous, la région des GRAVES et des SAUTERNES.
• En face, de l'autre côté de la Gironde, les ENTRE-DEUX-MERS.
• Au-dessus, le LIBOURNAIS, où se trouvent Saint-Émilion, Pomerol, etc.
• Et ce qu'on appelle le « GROUPE DES CÔTES », s'étendant tout le long du fleuve, face au Médoc et jusqu'en bas de l'Entre-deux-Mers.

*Chez nous un bon ange t'adresse
Si du moins tu sais tour à tour
Honorer les chais de l'ivresse*

*Honorer les lits de l'amour !
Mais si la beauté ne t'est chère,
Si le vin de toi n'est aimé,
Visiteur retourne en arrière :
Le Pont de Bordeaux t'est fermé.*

André BERRY
Chants

*La Gironde est la partie du fleuve
allant du confluent de la Garonne
et de la Dordogne, jusqu'à l'Océan.*

Le Bordelais produit, bien sûr, des vins rouges, mais aussi des blancs, des liquoreux, et quelques rosés. On y trouve 53 appellations différentes.

Pour paraître un tant soit peu connaisseur, il faut bannir de son langage la phrase : « J'aime mieux LE Bordeaux que LE Bourgogne. » Elle n'a en effet aucun sens. A la limite, on peut dire : « D'une manière générale, je préfère les vins de Bordeaux aux vins de Bourgogne. » La nuance est de taille. Mais si l'ont veut réellement avoir l'air d'un grand connaisseur, mieux vaut dire : « Je préfère les vins du Médoc aux vins de Saint-Émilion » ou « Je préfère les Graves aux Pomerols ». Car il ne faut pas oublier que chaque région — et, à la limite, chaque appellation — est quasiment une entité en elle-même.

Bien sûr, une qualité générale se dégage sur chaque millésime, mais chacune des régions a ses caractéristiques propres. Sans compter qu'à l'intérieur de chaque appellation, il existe des vins de niveaux différents : un premier cru ne peut être comparé à un cru bourgeois.

Conclusion : même sans trop entrer dans le détail, mieux vaut éviter les généralités...

Pourquoi la Guyenne fut-elle anglaise ?

Pour une « simple » histoire de mariage : en 1137, Aliénor d'Aquitaine — dite aussi Éléonore de Guyenne — épouse Louis VII, futur roi de France. Jusque-là, tout va bien. Le problème survient quinze ans plus tard, quand ce mariage est déclaré nul pour consanguinité. Répudiée par son premier mari, Aliénor épouse Henri Plantagenêt, duc d'Anjou et héritier de la couronne d'Angleterre. Trois siècles de domination anglaise suivront ce remariage. On comprend mieux, à présent, l'engouement des Britanniques pour le « French Claret ».

Le négoce

Le négoce occupe une place particulièrement importante dans la région de Bordeaux. C'est à lui, autant qu'à la qualité de ses vins, que celle-ci doit la renommée qu'elle a acquise. Il convient de définir le rôle du négociant.

D'abord, il défend les intérêts des propriétaires qui, seuls, n'auraient pas les moyens d'aller ainsi sillonner le globe à la recherche de clients. C'est donc le négociant qui s'en charge. Le propriétaire peut alors dormir sur ses deux oreilles, certain d'être bien représenté.

Le négoce joue également un rôle économique primordial. Il agit comme une soupape de sécurité régulant le marché. Il assure une progression acceptable des prix compatible avec les aléas de la production.

Les négociants commercialisent environ 80 % des vins de Bordeaux. Ils jouent le rôle de «super-amortisseurs» entre l'offre et la demande. Ils constituent la charnière entre le producteur et le consommateur. Ils apportent d'une part leur connaissance des marchés, leur technique et leur expérience, dont ils font pleinement profiter les propriétaires, d'autre part leurs réseaux de distribution commerciale.

Ce sont eux aussi qui élaborent les vins dits «de marque».

Un vin de marque, qu'il soit rouge ou blanc, est un assemblage de plusieurs vins provenant de différents vignobles tous situés, en l'occurrence, à l'intérieur de la région de Bordeaux. C'est le négociant qui achète, en fonction de ce qu'il entend réaliser, des vins du Libournais, du Médoc, de la région des Côtes, etc. Il assemble ensuite les vins sélectionnés en appliquant sa «recette» personnelle afin d'obtenir un produit final qui réponde aux critères définis au départ. Sur l'étiquette de ses bouteilles, on verra donc figurer non pas le mot «Château», mais un nom de marque (Mouton-Cadet est le plus célèbre). L'immense avantage des vins de marque est d'offrir, quels que soient le millésime et le pays dans lequel on le trouve, une garantie de qualité constante.

Édouard Kressmann, ancien président du Syndicat des négociants de Bordeaux, disait : « Le négociant éleveur met sa signature sur l'étiquette, qui est aussi sa garantie. Signature et garantie valent ce que valent les hommes qui en sont responsables. La valeur de ces noms-là prime toute autre, y compris la réputation d'un millésime ou d'une appellation... » Cela reste vrai, quoique ça l'était plus encore à l'époque où peu de châteaux mettaient eux-mêmes leur vin en bouteille. C'était le négociant qui se chargeait de ces opérations et qui, même pour les grands crus classés, ajoutait son nom sur l'étiquette. La généralisation de la mise en bouteille par les châteaux n'est intervenue que vers les années soixante.

Il est parfaitement ridicule d'avoir un parti pris contre le négoce. Rien n'est plus stupide que d'affirmer que « seuls les petits propriétaires font du bon vin ». Tenir des propos si catégoriques est un signe évident d'ignorance. Chacun réussit plus ou moins bien, voilà tout, en fonction de la qualité du millésime, qui est la même pour tous. N'oublions pas, d'ailleurs, que les champagnes les plus cotés sont tous des vins élaborés par le négoce !

Le quai des Chartrons, à Bordeaux,
est l'endroit où étaient installées la
plupart des maisons de négoce. A
cela, une raison pratique : il
suffisait de faire rouler les barriques sur
le quai pour les charger sur
les bateaux.

Par le pain, l'homme se conserve; c'est son ordre.
Il se surpasse par le vin, c'est le progrès.
Charles MAURRAS

L'ÂME DU VIN

Un soir l'âme du vin chantait dans les bouteilles :
« Homme, vers toi je pousse, ô cher deshérité,
Sous ma prison de verre et mes cires vermeilles,
Un chant plein de lumière et de fraternité !

Je sais combien il faut sur la colline en flamme
De peine, de sueur et de soleil cuisant
Pour engendrer ma vie et pour me donner l'âme ;
Mais je ne serais point ingrat ni malfaisant,

Car j'éprouve une joie immense quand je tombe
Dans le gosier d'un homme usé par les travaux,
Et sa chaude poitrine est une douce tombe
Où je me plais mieux que dans mes froids caveaux
Entends-tu retentir les refrains des dimanches
Et l'espoir qui gazouille en mon sein palpitant ?
Les coudes sur la table et retroussant les manches
Tu me glorifieras et tu seras content ;

J'allumerai les yeux de ta femme ravie ;
A ton fils je rendrai sa force et ses couleurs
Et serai pour ce frêle athlète de la vie
L'huile qui raffermit les muscles des lutteurs.

En toi je tomberai, végétale ambroisie,
Grain précieux jeté par l'Éternel Semeur,
Pour que de notre amour naisse la poésie
Qui jaillira vers Dieu comme une rare fleur ! »

                              BAUDELAIRE

A propos de classements

Il n'existe pas — et il ne peut exister — de classement général des vins de Bordeaux. Les raisons en sont à la fois fort simples et fort bonnes : d'une part un vin rouge n'est absolument pas comparable à un blanc, d'autre part les diverses régions de Bordeaux produisent des vins fort différents, possédant chacun leur personnalité et leur caractère propres. Ainsi peut-on certes soutenir dur comme fer que les vins de Médoc sont les meilleurs du monde, ainsi peut-on affirmer avec la même conviction qu'il n'existe aucun breuvage supérieur aux vins de Saint-Émilion ; il n'en reste pas moins que tous les classements existants ont été établis, sinon au sein d'une même appellation, du moins à l'intérieur d'une même région.

Il existe différents classements pour les vins produits dans le Bordelais. Chacun d'entre eux sera évoqué dans les chapitres concernés. Cependant, le classement le plus célèbre et le plus ancien est celui de 1855, qui concerne les vins du Médoc et réunit la plupart des vins que même les néophytes connaissent au moins de nom.

L'APPELLATION BORDEAUX

L'appellation « Bordeaux » existe. En effet, certains vins de la région peuvent bénéficier de l'appellation « Bordeaux » ou « Bordeaux Supérieur » sans être ni Saint-Émilion, ni Graves, ni Saint-Julien, etc. Cette appellation s'applique à tous les vins produits sur les sols du département de la Gironde capables de recevoir des vignobles et de produire du bon vin. Sont donc exclus les marais et les terrains régulièrement inondés par les crues des rivières.

En d'autres termes, l'appellation « Bordeaux » est une appellation régionale dont peuvent bénéficier des vins produits dans le Médoc aussi bien que dans le Sauternais ou les Côtes. Elle se subdivise en :
— Bordeaux blanc,
— Bordeaux blanc sec,
— Bordeaux supérieur,
— Bordeaux rosé,
— Bordeaux clairet,
— Bordeaux clairet supérieur.

La différence entre un Bordeaux et un Bordeaux Supérieur réside simplement dans le degré d'alcool et le rendement à l'hectare, inférieur pour les Bordeaux Supérieurs.

Jusqu'au XVIIᵉ siècle, la notion de « vin de Bordeaux » était différente de ce qu'elle deviendra par la suite. En effet, le vin de Bordeaux n'avait pas d'identité propre : était nommé ainsi tout vin expédié de la ville de Bordeaux, même s'il n'était pas produit dans la région. C'est à partir du XVIIIᵉ siècle que se développera une qualité locale qui finira par acquérir le prestige que nous lui connaissons aujourd'hui.

A la différence des autres régions, Bordeaux doit moins sa réputation aux moines et à l'Église (voir « Le vin et l'Église », p. 105) qu'à sa situation géographique et aux invasions dont elle fut victime: occupation anglaise au XIVe siècle et, plus tard, déferlement de commerçants venus du Nord. Ce sont ces derniers qui créeront par la suite une grande majorité des maisons de négoce. Par conséquent, ne soyez pas surpris de constater que bien des propriétaires et des négociants portent des noms à consonnance anglaise, irlandaise, hollandaise ou même germanique.

Pendant plusieurs siècles, Bordeaux a ainsi bénéficié d'un quasi-monopole pour la fourniture des vins à l'Europe du Nord. C'est d'ailleurs de là que la région tient une grande part de sa notoriété.

Le tonneau à Bordeaux
On se sert toujours de l'unité de mesure qu'est le tonneau et qui correspond à 900 litres. Mais attention! Ce n'est qu'une unité de mesure : il n'existe pas «physiquement» de fûts appelés tonneaux. Les fûts sagement alignés dans les chais sont des barriques (225 litres — 4 barriques égalent un tonneau). L'équivalent de la barrique, en contenance, est la pièce (228 litres) en Bourgogne.

LES RÉGIONS DE BORDEAUX
1) Le Médoc

> *Le Médoc,*
> *Le pays de Médoc, c'est la verte oasis*
> *Qui s'élève au milieu des landes de Gascogne*
> *Elle a des bois épais et des étangs fleuris,*
> *Et des nappes de vigne aux sentiers infinis,*
> *Belles à réjouir le poète et l'ivrogne...*
> Charles MONSELET (1825-1888)

Médoc veut dire « terre de milieu ». Le Médoc s'étend sur une longueur d'environ 80 kilomètres. Il commence à Blanquefort et se termine à la pointe de Grave (ne pas confondre avec la région viticole des Graves). Mais les vins sont localisés côté Gironde, sur une bande d'une largeur de 5 à 8 kilomètres.

> *Le vin est meilleur lorsqu'il voit la rivière.*
> Dicton médocain

On trouve dans le Médoc :
— deux appellations **régionales** :
  • le Haut-Médoc,
  • le Médoc.
— six appellations dites **communales** :
  • Margaux,
  • Moulis,
  • Listrac,
  • Saint-Julien,
  • Pauillac,
  • Saint-Estèphe.
  Les deux premières s'appliquent d'une façon plus large que les six autres. L'appellation Haut-Médoc va de Blanquefort jusqu'au-delà de Saint-Estèphe et englobe par conséquent les six appellations communales : ainsi, un vin produit sur Pauillac,

par exemple, pourra n'être qu'un Haut-Médoc, alors que l'inverse n'est pas vrai. Quant à l'appellation Médoc, elle prend ce qui reste, c'est-à-dire pas grand-chose : au-delà de Saint-Estèphe jusqu'à la pointe de Grave. Elle n'englobe aucune des six appellations communales.

Le Médoc ne produit quasiment que des vins rouges et ses principaux cépages sont le cabernet-sauvignon, le cabernet-franc. Suivant les propriétés, on trouve aussi du merlot, du côt ou malbec et du petit-verdot.

> *Bon Français quand je vois mon verre*
> *Plein de son vin couleur de feu,*
> *Je songe en remerciant Dieu*
> *Qu'ils n'en ont point dans l'Angleterre.*
> Pierre DUPONT (1821-1870)
> Ma vigne

Les huit appellations du Médoc
se partagent 11 000 hectares
de vignobles, soit un potentiel
équivalent à celui de la Bourgogne.

Historiquement, le classement de 1855 fut conçu à l'occasion de l'Exposition universelle qui eut lieu cette année-là, afin de faire participer la Gironde à cette manifestation d'envergure mondiale. En réalité toutefois, seuls les vins du Médoc, du Haut-Brion, des Graves et de Sauternes y apparaissent. Réalisé par le Syndicat des courtiers de l'époque, ce classement se fonde sur la pure tradition : tradition des prix d'achat sur une centaine d'années, et tradition de la qualité de terroirs reconnus. Les propriétés ont donc été retenues sur leur réputation, établie quasiment de notoriété publique. Leurs vins ont été organisés en cinq catégories : Premiers, Seconds, Troisièmes, Quatrièmes et Cinquièmes Crus. A priori, les Premiers valent mieux que les Seconds, les Seconds mieux que les Troisièmes et ainsi de suite. A l'exception de Château-Mouton-Rothschild qui, en 1973, passa de Second Cru Classé à Premier Cru Classé, ce classement n'a jamais été modifié.

A intervalles réguliers, une polémique resurgit sur la valeur réelle de ce classement, polémique le plus souvent entretenue par des journalistes en mal de notoriété, qui tentent ainsi de se faire un nom en proposant leur propre classement. Il est vrai qu'en 1855, les propriétés n'appartenaient pas forcément aux mêmes familles qu'aujourd'hui, et que certains domaines ont été divisés en deux ou trois à la suite de successions ou de partages. Cependant, une chose est sûre : il faut reconnaître une certaine valeur à une institution qui a su résister plus de cent trente ans. On ne modifie pas, seul dans son coin, un classement établi voilà plus d'un siècle par une assemblée de véritables professionnels. Quoi qu'il en soit, s'il fallait qu'un changement intervienne, il devrait émaner des propriétaires et des instances professionnelles, seuls habilités à trancher.

Sur le classement de 1855, il faut savoir que :

Château Haut-Brion, qui est un Graves, est la seule propriété à ne pas faire partie des vins du Médoc et à y figurer, uniquement pour ses vins rouges. A n'en pas douter, il y fut intégré grâce à la notoriété dont il jouissait. C'est, en quelque sorte, l'exception qui confirme la règle.

Il est vrai que certaines propriétés classées à l'époque parmi les Quatrièmes ou les Cinquièmes crus, mériteraient, certaines années, d'être mieux considérées. A la vérité, ces châteaux ont résolu le problème en ne mentionnant sur leurs étiquettes que «cru classé en 1855», sans spécifier le groupe dont ils font partie.

Il est de bon ton de savoir si un cru est classé ou non, même si l'on oublie sa catégorie.

Il est bon également de connaître au moins les cinq premiers crus, dans l'ordre de leur classement en 1855.

Je ne sais que deux choses qui gagnent à vieillir :
Le vin et un amant.
Félix LOPE DE VEGA (1562-1635)
Le Cavalier d'Almedo

LES CRUS CLASSÉS DE 1855

(Ne pas oublier que ce classement ne s'applique qu'à des vins rouges.)

PREMIERS CRUS CLASSÉS :

Château Lafite-Rothschild
(appellation Pauillac)
Château Latour
(appellation Pauillac)
Château Margaux
(appellation Margaux)

Château Mouton-Rothschild
(appellation Pauillac)
Château Haut-Brion
(appellation Graves)

SECONDS CRUS CLASSÉS :

Château Rausan-Ségla
Château Rausan-Gassies
Château Léoville-Las-Cases
Château Léoville-Poyferré
Château Léoville-Barton
Château Durfort-Vivens
Château Gruaud-Larose
Château Lascombes
Château Brane-Cantenac

Château Pichon-Longueville
Château Pichon-Longueville-
Comtesse-de-Lalande
(Pichon Comtesse pour les
initiés)
Château Ducru-Beaucaillou
Château Cos-d'Estournel
Château Montrose

Troisièmes crus classés :

Château Kirwan
Château d'Issan
Château Lagrange
Château Langoa-Barton
Château Giscours
Château Malescot-Saint-
  Exupéry
Château Cantenac-Brown

Château Boyd-Cantenac
Château Palmer
Château La Lagune
Château Desmirail
Château Calon-Ségur
Château Ferrière
Château Marquis-d'Alesme-
  Becker

Quatrièmes crus classés :

Château Saint-Pierre
Château Talbot
Château Branaire-Ducru
Château Duhart-Milon
Château Pouget

Château La Tour-Carnet
Château Lafon-Rochet
Château Beychevelle
Château Prieuré-Lichine
Château Marquis-de-Termes

Cinquièmes crus classés :

Château Pontet-Canet
Château Batailley
Château Haut-Batailley
Château Grand-Puy-Ducasse
Château Grand-Puy-Lacoste
Château Lynch-Bages
Château Lynch-Moussas
Château Dauzac
Château Mouton-Baronne-
  Philippe

Château du Tertre
Château Haut-Bages-Libéral
Château Pédesclaux
Château Belgrave
Château Camensac
Château Cos-Labory
Château Clerc-Milon
Château Croizet-Bages
Château Cantemerle

Les Crus Bourgeois

Ce sont des châteaux du Médoc, qui ne font bien sûr pas partie des crus classés, et qui ont fait l'objet de plusieurs classements successifs. Le premier de ces classements eut lieu en 1932. Établi par les chambres de commerce et d'agriculture, il distinguait trois catégories :
- les Crus Bourgeois Supérieurs Exceptionnels,
- les Crus Bourgeois Supérieurs,
- les Crus Bourgeois.

Par la suite, le Syndicat de défense des crus bourgeois établit son propre palmarès en 1966 et 1978. Celui-ci distingue, lui aussi, trois catégories :
- les Crus Grands Bourgeois Exceptionnels,
- les Crus Grands Bourgeois,
- les Crus Bourgeois.

Pourquoi Bourgeois ?

C'est une vieille histoire. A Bordeaux, les bourgeois avaient été assez malins pour se faire confirmer, par la domination anglaise, les droits et privilèges dont ils jouissaient depuis le XIIe siècle. Après la guerre de Cent Ans et le retour de la Guyenne à la France, le pouvoir royal maintint ces privilèges et y ajouta le droit de porter l'épée, donc de posséder des terres seigneuriales. Enrichis par plusieurs siècles de commerce, les bourgeois de Bordeaux se rendront alors acquéreurs de bonnes terres, et l'on donnera à celles-ci le nom de « Crus Bourgeois ».

Le **baillot** est, en Bordelais, le nom du panier à vendanges. Il existe d'ailleurs une Confrérie du baillot bordelais.

Tous deux enfermés dans la chambre, avec le vin
pour confident,
La porte du plaisir ouverte, et close celle de la
chambre.
FARROKHI (XIe siècle)

Cependant, ces classements n'ont jamais reçu aucune consécration officielle. De plus, la règlementation de la CEE sur l'étiquetage n'admet que la simple mention facultative de « Cru Bourgeois ».

Conclusion : s'il est bon de savoir que les Crus Bourgeois existent, il est toutefois inutile d'entrer dans le détail.

Il n'y a pas de crus classés en 1855, dans les appellations Médoc, Listrac et Moulis. En revanche, on trouve des Crus Bourgeois dans les huit appellations Médoc.

C'est lui qui fait que les années
Nous durent moins que des journées;
Et qui bannit de nos pensées
Le regret des choses passées
Et la crainte de l'avenir.
RACAN (XVIIᵉ siècle)
Ode à Maynard

2) Les Graves et les Sauternes

Le miracle est, avec la vigne, une des principales cultures de la France.
Pierre DANINOS

Les Graves

La région des Graves est le vignoble le plus proche de la ville de Bordeaux.

Les appellations

On y trouve quatre appellations :
- Graves, qui s'applique à des vins blancs secs et à des vins rouges,
- Pessac-Léognan, qui s'applique à des vins blancs secs et à des vins rouges,
- Graves Supérieurs, qui s'applique à des vins blancs moelleux,
- Cérons, qui s'applique à des vins blancs liquoreux.

L'appellation Graves ayant fait l'objet de différentes modifications au cours de ces dernières années, il a bien sûr été mis en vente des vins sur l'étiquette desquels ne figurent pas forcément les appellations énumérées ci-dessus.

C'est ainsi que pour :
— des millésimes antérieurs à 1983, ne peut figurer que l'appellation Graves,
— des millésimes situés entre 1983 et 1985, ne peut figurer que l'appellation Graves, assortie des dénominations Pessac ou Léognan.
— Depuis 1986, a été créée l'appellation Pessac-Léognan.

Subtilité : des vins qui ne pourraient pas bénéficier de l'appellation Pessac-Léognan n'obtiendront pas automatiquement l'appellation Graves. Par conséquent, ils se retrouveront simples Bordeaux.

Les terres habilitées à produire des vins rouges et des vins blancs ne sont pas géographiquement fixées. Une même propriété pourra ainsi fabriquer :
— un Graves blanc et/ou un Graves rouge,
— un Graves blanc, un Graves rouge et/ou un Graves Supérieurs.

Seule l'appellation Cérons ne peut provenir que de trois communes bien définies.

Les cépages rouges sont les mêmes que ceux du Médoc, à savoir le cabernet-sauvignon, le cabernet-franc, le côt ou malbec, le merlot et le petit-verdot.

Les cépages blancs sont le sémillon, le sauvignon et la muscadelle.

La région des Graves a tout d'abord tiré des avantages de la proximité de Bordeaux (ce serait l'un des plus anciens vignobles de la région). Elle en récolte aujourd'hui les inconvénients : bien des propriétés ont disparu pour faire place à des bâtiments industriels, des supermarchés ou autres. Sur la commune de Mérignac, où se trouve actuellement l'aéroport de Bordeaux, il y avait en 1908 une trentaine de domaines produisant du vin ; il n'en reste plus qu'un aujourd'hui. Autoroutes et rocades passent sur ce qui furent de merveilleuses terres à vigne. C'est d'autant plus dommage que les Graves ont largement contribué à la renommée des vins de Bordeaux. Un mouvement de reconquête se dessine cependant depuis quelques années, mouvement qui vise, d'ici l'an 2000, à revenir à 1 500 hectares d'exploitations.

Les soucis, grâce à toi, trouvent leur remède dans le vin...
Ce feu que j'ai depuis longtemps dans les os,
seule la mort pourra le guérir,
la mort ou le vin.
PROSPÈRE (Ier siècle avant J.-C.)

Charles de Secondat,
baron de Montesquieu,
est né dans les Graves
et y passa une partie de sa vie.
Il y possédait des vignes
et fut l'un des ardents
défenseurs du vin des Graves.

Le classement des crus de Graves

Un classement des crus de Graves a été établi par le syndicat de défense de l'appellation. Il date de 1959 et n'est pas comparable à celui de 1855, car il n'a pas été réalisé dans les mêmes conditions. De plus, il ne compte pas différentes catégories (premièrs, seconds, troisièmes, etc.). Les châteaux retenus ne peuvent se prévaloir que de la mention de « cru classé », et encore, tous n'ont pas obtenu le classement pour leurs vins blanc ET leurs vins rouges : certains n'en bénéficient que pour l'un ou l'autre.

*Rappelons que **Haut-Brion**, l'un des Graves les plus prestigieux, est le seul à figurer dans le classement de 1855 pour ses vins rouges. On notera également qu'à l'époque du classement réalisé en 1959, plusieurs propriétés auraient, pour des raisons fiscales, refusé d'être retenues uniquement pour leur vin blanc ou pour leur vin rouge, car elles produisent trop peu de l'un ou de l'autre.*

Voici ce classement, qui comporte de nombreux vins très connus. (Les vins cités ci-dessus sont classés par ordre alphabétique.)

Château Bouscaut, *classé en rouge et en blanc.*

Château Carbonnieux, *classé en rouge et en blanc.*

Domaine de Chevalier, *classé en rouge et en blanc.*

Château Couhins, *classé en blanc uniquement.*

Château Couhins-Lurton, *classé en blanc uniquement.*

Château Fieuzal, *classé en rouge uniquement.*

Château Haut-Bailly, *classé en rouge uniquement.*

Château Haut-Brion, *classé en rouge uniquement.*

Château Laville-Haut-Brion, *classé en blanc uniquement.*

Château Malartic-Lagravière, *classé en rouge et en blanc.*

Château La Mission-Haut-Brion, *classé en rouge uniquement.*

Château Olivier, *classé en rouge et en blanc.*

Château Smith-Haut-Lafitte, *classé en rouge uniquement.*

Château La Tour-Haut-Brion, *classé en rouge uniquement.*

Château La Tour-Martillac, *classé en rouge et en blanc.*

Les Sauternes

Les appellations

Les Sauternes, quant à eux, sont cultivés sur la même rive que les Graves, à la suite de ceux-ci. On trouve dans cette région deux appellations, qui s'appliquent toutes deux à des vins blancs liquoreux :

- Sauternes,
- Barsac.

Cependant, les propriétés situées sur la commune de Barsac peuvent, si elles le souhaitent, appeler leur vin « Sauternes ».

On dit des Sauternes qu'ils sont « un rayon de soleil concentré dans un verre ».

Dans le Sauternais, on pratique les vendanges tardives afin d'obtenir les vins liquoreux (voir « La vinification », p. 34). On trouve aussi des vins blancs secs, qui ne peuvent porter que l'appellation « Bordeaux blanc ». Quant aux rouges, ils sont fort rares dans la région. Ce sont également de simples Bordeaux ou Bordeaux Supérieurs.

Les cépages sont les mêmes que ceux des Graves : sémillon, sauvignon et muscadelle.

La France est un admirable pays de modération, de générosité, en harmonie; elle sait joindre à ses qualités foncières, toutes les ressources d'une indomptable énergie, aux heures difficiles; le secret de cet équilibre, si enviable et si envié, il faut le chercher dans l'amour millénaire du paysan français pour le sol qu'il cultive et où il a la fierté de recueillir, durement, péniblement, sans en être toujours récompensé, le splendide bouquet des meilleurs vins du monde. Sauvegarder la viticulture, c'est défendre la patrie.
Maurice SARRAUT

Biarnez, poète du siècle dernier dont la renommée n'a pas dépassé les frontières du département de la Gironde, a écrit beaucoup de vers, souvent lyriques, sur les propriétés et les appellations du Bordelais. On raconte qu'il disait du bien des propriétés où il était bien reçu, mais qu'il se montrait moins enthousiaste quand l'accueil était plus froid.
Il faut croire qu'il fut bien traité dans le Sauternais. Jugez vous-même :

« Sauternes! A ce seul nom le gourmet enflammé
Sent déjà son palais de parfum embaumé.
Là, dans un humble cep, la puissante nature
Cache de ses esprits l'essence la plus pure
La distille aux rayons d'un soleil glorieux
Et par mille détours, divins, mystérieux,
Conduit dans nos celliers cette source bénie
Où l'homme va puiser la source, le génie. »

C'est un fait : l'homme se nourrit depuis des millénaires, mais il ne boit du vin que depuis 5 000 ans.

Oui-da, l'état de veuve est une douce chose;
On a plusieurs amants sans que personne ne glose,
Et l'on fait justement, du soir jusqu'au matin,
Comme ces fins gourmets qui vont goûter le vin,
Sans acheter d'aucun; à chaque pièce on tâte,
On laisse celui-là de peur qu'il ne se gâte;
On ne veut pas de l'un parce qu'il est trop vert,
Celui-ci trop paillet, cet autre trop ouvert :
Ainsi, sans rien choisir, de tout on fait épreuve
Et voilà justement comme on fait une veuve.
Jean-François REGNARD (1655-1709)
Le bal

Le classement des vins de Sauternes

Ce classement fut établi en même temps que celui de 1855, à l'occasion de l'Exposition universelle, toujours à la demande du gouvernement et sous le contrôle de la Chambre de commerce de Bordeaux. Pourtant, dans la classification pure, quelques points diffèrent, on ne sait pourquoi :

— Il existe une catégorie Premier Cru Supérieur, attribuée au seul Château Yquem, mention qui n'existe pas pour le classement des Médoc.

— Viennent ensuite seulement des Premiers Crus et les Seconds Crus, au lieu des cinq catégories décidées en Médoc.

PREMIER CRU SUPÉRIEUR :

Château Yquem

PREMIERS CRUS :

Château Climens
Château Coutet
Château Guiraud
Château Lafaurie-Peyraguey
Clos Haut-Peyraguey
Château Rayne-Vigneau

Château Rabaud-Promis
Château Sigalas-Rabaud
Château Rieussec
Château Suduiraut
Château La Tour Blanche

SECONDS CRUS :

Château d'Arche
Château Broustet
Château Nairac
Château Caillou
Château Doisy-Daëne
Château Doisy-Dubroca
Château Doisy-Védrines

Château Filhot
Château Lamothe
Château de Malle
Château Myrat
Château Romer
Château Romer-du-Hayot
Château Suau

3) L'Entre-Deux-Mers

La terre boit la pluie
Et les arbres la terre;
La mer se désaltère
Au passage des brises;
Le soleil boit la mer,
La lune et le soleil.
Pourquoi donc camarades
Me défendre de boire?

Poète anonyme

On rencontre souvent le terme de « Entre-Deux-Mers géographique », par opposition à l'appellation « Entre-Deux-Mers ». En effet, la région d'Entre-Deux-Mers ne produit pas uniquement des vins de ce nom.

L'Entre-Deux-Mers doit son nom
au fait d'être placé
entre les deux bras
de la Garonne et de la Dordogne,
si larges à cet endroit,
qu'ils ressemblent à la mer.

Vitis vinifera (nom savant de la vigne)
C'est de la « vitis vinifera silvestris », présente au cours de la période glaciaire entre mer Caspienne et golfe Persique, que sont issues :
• la « vitis vinifera pontica », à l'origine de la plupart des cépages blancs,
• la « vitis vinifera occidentalis », à l'origine de beaucoup de cépages rouges,
• la « vitis vinifera orientalis », qui serait le lointain ancêtre du cépage chasselas.

Il existe huit appellations :
- Entre-Deux-Mers, qui s'applique à des vins blancs secs,
- Entre-Deux-Mers-Haut-Benauge, pour des vins blancs secs. Ils répondent aux mêmes exigences que les « Entre-Deux-Mers-tout-court ». Haut-Benauge n'est qu'une simple précision géographique.
- Cadillac, pour des vins blancs liquoreux,
- Loupiac, pour des vins liquoreux,
- Sainte-Croix-du-Mont, pour des vins blancs liquoreux,
- Côtes-de-Bordeaux-Saint-Macaire pour des vins blancs secs,
- Sainte-Foy-Bordeaux, pour des vins rouges et blancs,
- Graves-de-Vayres, pour des vins rouges et des vins blancs.

A noter que les vins rouges produits sur l'aire d'appellation Entre-Deux-Mers sont des Bordeaux ou des Bordeaux Supérieurs.

Géographiquement parlant, les Premières-Côtes-de-Bordeaux se trouvent également dans la région de l'Entre-Deux-Mers, mais philosophiquement, elles font partie de ce qu'on appelle le « groupe des Côtes ».

Le vin, et je parle aussi bien de ce breuvage impersonnel et courant qui rafraîchit l'honnête soif du travailleur, que de ces crus antiques dont le blason empanaché honore l'armorial de nos plus belles provinces (...). C'est le vin tout doucement qui échauffe, qui dilate, qui épanouit les éléments de notre personnalité... qui nous ouvre sur l'avenir les perspectives les plus encourageantes. Le vin est le professeur du goût, le libérateur de l'esprit et l'illuminateur de l'intelligence...
Paul CLAUDEL

4) Le Libournais

*Sans morale, il n'y a plus de vin de Bordeaux,
ni de style. La morale, c'est le goût de ce qui est pur et
défie le temps.*

Jacques CHARDONNE (1884-1968)
L'amour, c'est beaucoup plus que l'amour

Les appellations

Le Libournais viticole ne produit que des vins rouges :
On distingue onze appellations :
• Saint-Émilion,
• Montagne-Saint-Émilion,
• Saint-Georges-Saint-Émilion,
• Parsac-Saint-Émilion,
• Lussac-Saint-Émilion,
• Puisseguin-Saint-Émilion,
• Pomerol,
• Lalande-de-Pomerol,
• Néac,
• Fronsac,

Le Duc de Richelieu était aussi duc de Fronsac.

• Canon-Fronsac,
qui en font en réalité quatorze. En effet, l'appellation Saint-Émilion bénéficie d'un statut particulier et se décompose en quatre :
• Saint-Émilion,
• Saint-Émilion Grand Cru,
• Saint-Émilion Grand Cru Classé,
• Saint-Émilion Premier Grand Cru Classé,
Les cépages du Libournais sont le cabernet franc, le cabernet-sauvignon, que l'on appelle aussi bouchet, le côt ou malbec, et le merlot rouge.
Les appellations Montagne, Saint-Georges, Parsac, Lussac, Puissegain-Saint-Émilion sont également désignées sous le « petit nom » de *satellites* de Saint-Émilion.

Les appellations Parsac-Saint-Émilion et Saint-Georges-Saint-Émilion, qui continuent d'exister sur le plan légal, tendent toutefois à disparaître au profit de l'appellation Montagne-Saint-Émilion.

Il en est de même pour l'appellation Néac, qui est peu à peu remplacée par l'appellation Lalande-de-Pomerol.

Paradoxalement, il n'existe pas de classement pour les Pomerol, appellation célébrissime s'il en est, et il n'est pas question, pour l'instant, d'en créer un. Une hiérarchie de fait est cependant établie pour le Pétrus qui se situe loin devant tous les autres. Ce n'est d'ailleurs pas là sa seule originalité. En effet, Pétrus n'est ni un château, ni un domaine, ni un clos. Nul besoin d'enluminures pour un nom aussi prestigieux. Sur l'étiquette figure simplement : « Pétrus, Pomerol, Grand Vin ».

Évitez donc, désormais, de dire « Château Pétrus ».

Le poète s'adressant au vin :
« L'eau montre à son effet, qu'à boire elle n'est
bonne :
Elle rend l'homme étique, et pâle et morfondu;
Mais toi, tu rends gaillarde la personne;
L'argent qu'on met pour toi n'est point argent
perdu. »
Jean LE HOUX (vers 1551-1616)

Le ban des vendanges
C'est la date à laquelle on proclame autorisé le début des vendanges. C'est une tradition qui date du Moyen Âge. Par extension, le **ban des vendanges** est aussi la fête qui célèbre cette époque de l'année.

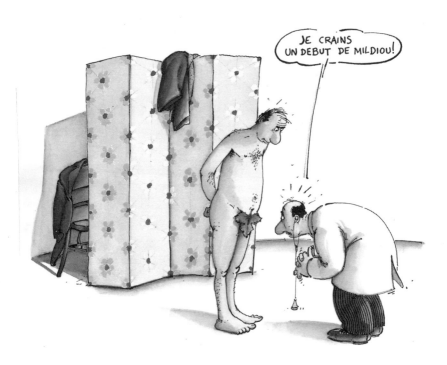

La bouillie bordelaise

Non, ça ne se mange pas! La bouillie bordelaise est un mélange de sulfate de cuivre et de chaux éteinte. C'est le premier et le plus efficace des traitements contre le mildiou, terrible maladie de la vigne. Cette préparation fut inventée par Millardet et Gayon.

Le classement

On notera tout d'abord que ce classement ne concerne que des vins rouges d'appellation Saint-Émilion. Les satellites et autres appellations ne font l'objet d'aucune classification. Le classement des vins de Saint-Émilion diffère de celui de 1855, et de celui des Graves. Le fait qu'il ait été établi en plusieurs étapes et qu'il ne concerne pas les mêmes vins explique sans doute cette différence. Il se distingue en outre par sa forme, puisqu'il comporte deux catégories seulement : le Saint-Émilion Premier Grand Cru Classé et le Saint-Émilion Grand Cru Classé. A l'intérieur de la première, on trouve, de plus, deux sous-catégories A et B.

En outre, à la différence des deux autres, une révision de ce classement est prévue tous les dix ans. Dans la réalité cependant, ce règlement n'a jamais été respecté à la lettre : un premier classement des crus de Saint-Émilion fut effectué en 1955, suivi de quelques rectifications en 1958. Un second eut lieu en 1969. Un troisième remaniement aurait dû intervenir en 1979, mais fut repoussé jusqu'en 1985, date à laquelle une nouvelle liste fut effectivement établie. Cette dernière souleva cependant un tel tollé parmi les propriétaires et les instances professionnelles, qui engagèrent procès et polémiques, que l'on ne peut toujours pas considérer ce troisième classement comme officiel. Compte tenu des intérêts considérables qui se trouvent en jeu, de telles réactions sont bien naturelles. Il n'en reste pas moins, toutefois, que le décret qui prévoit la révision du classement fait figure de loi et devrait être respecté.

Quoi qu'il en soit, il est bon de connaître au moins les noms des deux premiers grands crus classés A, et si possible de ceux classés B, et de consulter la liste en cas de doute pour les autres. D'ici à ce que ce classement soit effectivement modifié, vous le connaîtrez déjà par cœur depuis longtemps !

PREMIERS GRANDS CRUS CLASSÉS :

A - Château Ausone

B - Château
   Beauséjour-Bécot
  Château
   Beauséjour-Duffau
  Château Bélair
  Château Canon

Château Cheval-Blanc

Château Figeac
Clos-Fourtet
Château La Gaffelière
Château Magdelaine
Château Pavie
Château Trottevieille

GRANDS CRUS CLASSÉS :

Château l'Angélus
Château l'Arrosée
Château Baleau
Château
  Balestard-la-Tonnelle
Château Bellevue
Château Bergat
Château Cadet-Bon
Château Cadet-Piola
Château
  Canon-la-Gaffelière
Château Cap-de-Mourlin
Château La Carte
Château Le Châtelet
Château Chauvin
Château La Clotte
Château La Clusière
Château Corbin-Giraud
Château Corbin-Michotte
Château La Couspaude
Château Coutet
Château Le Couvent

Château
  Couvent-des-Jacobins
Château Croque-Michotte
Château Curé-Bon
Château Dassault
Château La Dominique
Château
  Faurie-de-Souchard
Château Fonplégade
Château Fonroque
Château Franc-Mayne
Château
  Grand-Barrail-Lamarzelle-Figeac
Château Grand-Corbin
Château Grand-Corbin-Despagne
Château Grand-Mayne
Château Grand-Pontet
Château
  Grandes-Murailles

L'ampélographie
Au sens strict du terme, il s'agit de la description
des cépages, mais ce mot désigne aussi la
connaissance des espèces et des variétés de
vignes.

Château
  Guadet-Saint-Julien
Château Haut-Corbin
Château Haut-Sarpe
  Clos des Jacobins
Château Jean Faure
Château Lamarzelle
Château Laniote
Château Larcis-Ducasse
Château Larmande
Château Laroze
Château La Madeleine
Château Matras
Château Mauvezin
Château
  Moulin du Cadet
Clos de l'Oratoire
Château Pavie-Decesse
Château Pavie-Macquin
Château Pavillon-Cadet
Château
  Petit-Faurie-de-Soutard

Château Le Prieuré
Château Ripeau
Château
  Saint-Georges-
  Cote-Pavie
Clos Saint-Martin
Château Sansonnet
Château La Serre
Château Soutard
Château Tertre-Daugay
Château La Tour-Figeac
Château
  La Tour du Pin-Figeac
Château
  La Tour du Pin-Figeac
  (Moueix)
Château Trimoulet
Château Trois-Moulins
Château
  Troplong-Mondot
Château Villemaurine
Château Yon-Figeac

5) Le groupe des Côtes

Qui ne sait boire
Ne doit pas aimer ;
Mais quant à vous, buveurs,
Ne vous croyez pas meilleurs pour cela :
Quand on ne sait pas aimer,
On ne doit pas boire.
GOETHE
Le Divan

Géographiquement, les vins des Côtes ne sont pas tous regroupés. Cependant, partant du principe que l'union fait la force, ils se sont constitués en groupe pour mieux assurer leur défense et leur promotion. Il est donc logique de les associer dans notre étude.

Du nord au sud, on distingue les appellations suivantes :
• Les Côtes-de-Blaye, pour des vins blancs secs.
• Les Premières-Côtes-de-Blaye, pour des vins rouges et des vins blancs. On trouve aussi, dans la région de Blaye, l'appellation Blaye ou Blayais, qui s'applique à des vins blancs et rouges.
• Les Côtes-de-Bourg, pour des rouges et des blancs secs. Les vins produits dans la région de Bourg peuvent porter indifféremment les appellations : Bourg, Bourgeais ou Côtes-de-Bourg.

Les trois appellations ci-dessus (Côtes-de-Blaye, Premières-Côtes-de-Blaye et Côtes-de-Bourg) désignent des vins produits sur la rive droite de la Gironde, face au Médoc.
• Premières-Côtes-de-Bordeaux, pour des vins rouges et des vins blancs moelleux ou liquoreux produits sur la rive droite de la Garonne, face aux Graves.
• Bordeaux-Côtes-de-Castillon, pour des vins rouges.
• Bordeaux-Côtes de Francs, pour des vins rouges et des vins blancs.

Ces deux derniers se trouvent sur la rive droite de la Dordogne, à côté de Saint-Émilion et face à l'Entre-Deux-Mers.

LA BOUTEILLE

Que mon
Flacon
Me semble bon
Sans lui
L'ennui
Me nuit,
Me suit;
Je sens
Mes sens
Mourants
Pesants
Quand je le tiens
Dieu que je suis bien!
Que son aspect est agréable!
Que je fais cas de ses divers présents!
C'est de son sein fécond et de ses heureux flancs
Que coule ce nectar si doux, si délectable
Qui rend dans les esprits tous les cœurs satisfaits,
Cher objet de mes vœux, tu fais toute ma gloire
Tant que mon cœur vivra de tes charmants bienfaits
Il saura conserver la fidèle mémoire.
Ma muse à te louer se consacre à jamais
Tantôt dans un caveau et tantôt sous ma treille
Répétera cent fois cette aimable chanson
Règne sans fin ma charmante bouteille,
Règne sans cesse, mon cher flacon.

PANARD (1694-1765)

C'est en 1453 qu'eut lieu la fameuse **bataille de Castillon,** *qui aura pour conséquence le retour de la Guyenne dans le giron du Royaume de France.*

POUR BRILLER EN SOCIÉTÉ

• **Dans le style œnologique :** s'efforcer, de grâce, de bien comprendre comment s'organise la région de Bordeaux. On entend trop de bêtises, trop d'aberrations, on voit trop de gens faire des yeux ronds à la simple évocation du mot Médoc, trop de gens se perdre entre les crus classés, les crus bourgeois et les autres. La plus belle manière de briller en société est d'avoir une idée, sinon précise, du moins pas trop floue, de ce qu'est un Bordeaux.

• **Dans le style géographique :** savoir que le département de la Gironde est, par sa superficie, le plus grand de France (environ 105 kilomètres du nord au sud et 130 kilomètres d'est en ouest).

• **Dans le style économique :** se rendre compte que s'offrir une bouteille de bon vin n'est plus une folie. Constatez vous-même : en 1969, le prix de vente au tonneau était, pour un grand cru, de 312 000 F (valeur en francs actualisés). Il passait à 448 000 F en 1971, puis chutait à 222 800 F en 1983 pour remonter très légèrement à 232 030 F en 1985 ! (Calcul effectué en 1985.)

• **Dans le style architecturo-viticole :** savoir qu'un « château » n'est pas nécessairement une demeure ancienne avec des tours et un grand parc, mais qu'au sens bordelais, ce terme désigne une exploitation viticole complète, c'est-à-dire des vignes et des bâtiments. L'un, cependant, n'empêchant pas l'autre.

*On dit que **Champollion** fut aidé dans le déchiffrage des hiéroglyphes par la fréquence des signes désignant le vin. C'est d'ailleurs de l'Égypte des Pharaons que nous parviennent les plus anciens documents littéraires sur le vin.*

BACCHUS

Le fils divin de Sémélé
Aux hommes le vin a donné
Afin qu'ils puissent oublier.
ALCÉE (VIIᵉ siècle avant J.-C.)

Bacchus est le dieu romain du vin ; c'est le Dionysos des Grecs. Fils naturel de Zeus et d'une princesse thébaine, Sémélée, il est l'unique dieu dont les parents ne sont pas tous deux divins.

Ayant appris l'amour que son mari concevait pour Sémélée, Héra, femme de Zeus, devint folle de jalousie et décida de se venger. Pour cela, elle vint trouver la princesse sous les traits de sa nourrice et lui conseilla d'exiger de Zeus qu'il se présentât devant elle dans sa splendeur de Souverain des Cieux et de Maître de la Foudre. Zeus, qui avait fait le serment de céder à tous les vœux de sa bien-aimée, apparut au milieu de la foudre et des éclairs. Or, aucun mortel ne pouvait survivre à cette vision : Sémélée allait mourir. Cependant, avant qu'elle ne succombât et disparût dans le brasier, Zeus lui arracha l'enfant qu'elle portait, qui était tout près de naître, et le mit dans sa propre cuisse pour le dissimuler à Héra et l'y garda jusqu'à sa venue au monde. Après sa naissance, il fut confié aux nymphes de Nysa (la plus belle de toutes les vallées terrestres, mais aucun homme ne l'a jamais vue et personne ne sait où elle se trouve). Certains prétendent que ces nymphes étaient les Hyades, que Zeus plaça plus tard dans le ciel après les avoir transformées en étoiles, ces étoiles qui amènent la pluie lorsqu'elles approchent de l'horizon.

Ainsi, le dieu du vin naquit du feu et fut élevé par la pluie (la chaleur brûlante qui mûrit la grappe et l'eau qui empêche le plant de mourir).

Devenu adulte, Dionysos sillonna les Indes, l'Égypte et la Grèce. Toujours escorté d'une compagnie délirante de démons, les Bacchantes, qui portaient tambours et thyrses (couronnes de pins, de lierre et de pampres), il enseigna partout l'art de cultiver la vigne. Il fut également le premier à créer une école de musique et c'est en son honneur que furent données les premières représentations théâtrales en Grèce.

Bacchus est souvent représenté sous des traits gras et joufflus, la tête couronnée de feuilles de lierre et de grappes de raisin.

> *Lorsque Bacchus entre chez moi*
> *Je sen le soir, je sen l'émoi*
> *S'endormir et, ravi, me semble*
> *Que dans mes coffres, j'ai plus d'or*
> *Plus d'argent et plus de trésor*
> *Qu Mide ni que Croese ensemble.*
> RONSARD
> (poème « A mon laquais »)

LA BOURGOGNE

*L'amour de la patrie, vertu dominante des grandes
âmes, me saisit toujours à l'aspect d'une bouteille de
vin de Bourgogne.*
Président Charles DE BROSSES
Lettres italiennes

POUR NE PAS BOIRE IDIOT

La Bourgogne viticole se divise en cinq grandes régions :
— CHABLIS, un peu isolé, au nord, dans le département de l'YONNE ;
— La CÔTE D'OR, au sud de Dijon, le cœur de la Bourgogne, située, comme son nom l'indique, sur le département de la CÔTE D'OR ;
— le CHALONNAIS, la plus petite des régions, dans le département de la SAÔNE-ET-LOIRE ;
— le MÂCONNAIS, également dans le département de la SAÔNE-ET-LOIRE ;
— le BEAUJOLAIS, auquel un chapitre particulier est consacré.

*La Bourgogne produit environ dix
fois moins de vin que le Bordelais.
Cependant elle compte environ le
double d'appellations : un peu
moins d'une centaine, contre une
cinquantaine à Bordeaux.*

*Le vin de Bourgogne fait beaucoup de bien
aux femmes surtout quand ce sont les hommes qui
le boivent.*
Proverbe bourguignon

Les catégories de Bourgogne

Il existe cinq catégories de vins de Bourgogne :

• Les appellations générales, qui couvrent l'ensemble de la Bourgogne viticole, comme « Bourgogne » ou « Bourgogne aligoté » ; ces vins proviennent de Bourgogne, sans autre précision.

• Les appellations régionales, comme « Côte-de-Beaune-Villages » ou « Hautes-Côtes-de-Nuits » ; ces vins proviennent, à l'intérieur de la Bourgogne, de régions bien définies.

• Les appellations de communes ou de villages, comme « Mercurey » ou « Gevrey-Chambertin » ; ces vins proviennent d'une région bien précise de la Bourgogne. De plus, le territoire du village où ils sont produits est indiqué sur l'étiquette.

• Les Premiers Crus, comme « Chablis », « Fourchaume » ou « Mercurey-Clos-du-Roi » ; pour ces vins, qui proviennent d'une région et d'un village bien définis, on mentionne en plus un lieu-dit particulier. En effet, certains lieux-dits, appelés aussi *climats*, sont reconnus pour avoir un meilleur terroir. La majorité des villages possèdent plusieurs Premiers Crus. Un Mercurey-Clos-du-Roi, par exemple, est un vin de Bourgogne de la région de la côte chalonnaise, produit sur la commune de Mercurey à un endroit précis, le lieu-dit Clos du Roi, et que l'on considère digne d'être distingué par rapport à la simple appellation « Mercurey ».

• Les Grands Crus sont comparables aux Premiers Crus. La différence réside dans leur réputation : ces vins sont si prestigieux que le nom du lieu-dit, ou climat, prévaut sur celui de la commune où ils se trouvent. Par exemple, Montrachet est un grand cru qui s'étend sur les communes de Puligny-Montrachet et de Chassagne-Montrachet ; Richebourg est un Grand Cru produit sur la commune de Vosne-Romanée.

Il s'en est fallu de peu !

En l'an 92, un édit ordonne d'arracher pratiquement tout le vignoble sous prétexte que cette culture nuisait à celle du blé. En fait, il s'agissait plus de faire du protectionnisme à l'égard des vignobles latins. A l'époque heureusement, les viticulteurs manquaient de civisme : ils désobéirent.

Les appellations, du général au particulier :
Les générales :
- Bourgogne, vins rouges, blancs ou rosés,
- Bourgogne Ordinaire ou Bourgogne Grand Ordinaire, vins rouges, blancs ou rosés,
    - Bourgogne Aligoté, blancs uniquement,
    - Bourgogne Passetoutgrain, vins rouges ou rosés,
    - Bourgogne Mousseux,
    - Bourgogne Clairet.

Chablis :
Ne produit que des vins blancs :
Appellations communales :
- Petit Chablis,
- Chablis, appelé souvent (oralement) « Chablis tout court »,
- Chablis Premiers Crus,
- Chablis Grands Crus.

Lorsque Jupiter est irrité, et que tu vois le ciel mugir, tu te réfugies dans le sein de notre mère antique, le sein de l'antique mère, c'est la cave du vin, nul lieu ne peut être plus sûr contre le tonnerre.
RABELAIS

L e vin doit beaucoup aux moines du Moyen Âge. Ils sont à l'origine du vin de Paris, mais aussi des grands vins de la France entière. Et pour cause ! Les abbayes vivaient non seulement de dons et de legs, mais aussi de la vente de leurs productions agricoles. Bénédictins, chartreux et autres cisterciens, qui possédaient science, temps et argent, développèrent et firent progresser énormément la science du vin. Il est même certains ordres où les moines vignerons « faisaient vœu de qualité ». L'ordre des Citeaux, par exemple, possédait le Clos de Vougeot, qui représentait, à l'époque, quarante hectares d'un seul tenant ! Aujourd'hui, cette appellation s'étend sur 10 hectares de plus, mais elle est divisée en 70 propriétés !

C'EST BIEN ASSEZ COMPLIQUÉ COMME ÇA !

On peut dire Clos-Vougeot ou Clos-de-Vougeot. La meilleure preuve : les multiples propriétaires produisant cette appellation impriment indifféremment l'un ou l'autre sur leurs étiquettes. D'ailleurs, l'orthographe des Premiers Crus ou des Grands Crus est souvent sujette à variations.

Choisir un vin de Bourgogne n'est pas une mince affaire. Non seulement les appellations sont innombrables, mais de plus, chacune d'entre elles donne plusieurs qualités de vin. Rien de comparable, donc, avec le Bordelais, qui possède une classification claire et stricte, avec des châteaux bien définis, ayant chacun leur réputation propre. C'est pourquoi il est important de connaître le nom du propriétaire (seul véritable label de qualité), alors que pour un bordeaux, le nom du château suffit.

La Côte d'Or :
se divise en deux :

Côtes de Nuits

Appellations régionales :
Hautes Côtes-de-Nuits
  (rouges, blancs et rosés)

Appellations communales :
Chambolle-Musigny
  (rouges)
Côte-de-Nuits-Villages
  (rouges et blancs)
Fixin
  (rouges et blancs)
Gevrey-Chambertin
  (rouges)

Bourgogne Marsannay
  (rouges et rosés)

Morey-Saint-Denis
  (rouges et blancs)
Nuits ou Nuits-Saint-Georges
  (rouges et blancs)
Vosne-Romanée
  (rouges)
Vougeot
  (rouges et blancs)

Côtes de Beaune

Appellations régionales :
Hautes-Côtes-de-Beaune
  (rouges et blancs)

Appellations communales :
Aloxe-Corton
  (rouges et blancs)
Auxey-Duresses
  (rouges et blancs)
Beaune
  (rouges et blancs)
Blagny
  (rouges)
Chassagne-Montrachet
  (rouges et blancs)
Cheilly-les Maranges
  (rouges et blancs)

Chorey-les-Beaune
  (rouges et blancs)
Côte-de-Beaune
  (rouges et blancs)
Côte-de-Beaune-Villages
  (rouges)
Dérize-les-Maranges
  (rouges et blancs)
Ladoix
  (rouges et blancs)
Meursault
  (rouges et blancs)

VINCENT ...

Monthélie
(rouges et blancs)
Pernand-Vergelesses
(rouges et blancs)
Pommard
(rouges)
Puligny-Montrachet
(rouges et blancs)
Saint-Aubin
(rouges et blancs)
Saint-Romain
(rouges et blancs)
Sampigny-les-Maranges
(rouges et blancs)
Santenay
(rouges et blancs)
Savigny-les-Beaune
(rouges et blancs)
Volnay
(rouges)

LA SAINT-VINCENT

Le 22 janvier, jour de la Saint-Vincent, correspond à une étape dans le travail du vigneron puisqu'il se situe à mi-chemin entre le vin de la récolte précédente et celui de la vigne prochaine. Saint Vincent de Saragosse, patron des vignerons, est fêté à cette date dans un village différent chaque année. Cette « Saint-Vincent tournante » donne l'occasion à chaque église de « sortir le saint » et de lui faire prendre l'air au cours d'une procession. Le village qui reçoit crée une « cuvée de la Saint-Vincent » mêlant les vins de tous les vignerons. Elle est offerte en dégustation à tous les visiteurs.

Buvons à tire-larigot
Chers amis à la ronde,
Quant le vin n'est point l'écot,
Point de joye en ce monde
Défunts nos ayeux
Prêchaient en tous cieux
Cette morale sainte :
Mon père était pot,
Ma mère était broc,
Ma grand-mère était pinte !!!
Chanson du XIVe siècle

La Côte chalonnaise :
Appellations régionales :
* Bourgogne-Aligoté-Bouzeron (blancs)
Appellations communales :
* Givry (rouges et blancs),
* Mercurey (rouges et blancs),
* Montagny (blancs),
* Rully (rouges et blancs),
Le Chalonnais ne produit pas de crus.

Le Mâconnais :
Appellations régionales :
* Mâcon (rouges, rosés),
* Mâcon Supérieur (rouges, blancs et rosés),
* Mâcon + nom de la commune (rouges, blancs et rosés),
* Mâcon ou Pinot-Chardonnay-Mâcon (blancs).
Appellations communales :
* Pouilly-Fuissé (blancs),
* Pouilly-Loché (blancs),
* Pouilly-Vinzelles (blancs).
Le Mâconnais ne produit pas de crus.

LE VIN DE LA COMÈTE

Autrefois, on baptisait en Bourgogne le « Vin de l'Année ». Il y eut, au siècle dernier, le Bismarck, le Garibaldi, le Gambetta... En 1811, le vin de l'année reçut le nom de « Vin de la Comète », cette dernière ne rendant visite à la terre que tous les 3000 ans ! L'année 1811 connut un été très chaud, mais les orages furent très violents et la récolte infime. Le vin eut souvent un « goût de grêle », que l'on qualifia par la suite d'« arôme de la Comète » ! Une autre comète, qui nous est plus familière, est celle de Halley. S'il est difficile de se rappeler les vertus des millésimes 374, 837, 1531, 1607, 1682 ou 1835, on se souvient encore du millésime 1910 : cette année-là, la récolte fut absolument nulle. Lors de son dernier passage, à cheval sur les années 1985 et 1986, la comète de Halley donna, cette fois, son nom à deux grands millésimes.

Mis à mort par l'empereur romain Déoclétien, Dacien Saint-Vincent de Saragosse, diacre de son état, périt au IVe siècle dans d'atroces souffrances. Il fut choisi comme saint patron par les marins d'Espagne et du Portugal et par les bûcherons des Alpes autrichiennes. A partir du XVIe siècle, il devint le saint patron de nombreuses confréries de vignerons.

HOSPICES DE BEAUNE : LA PLUS GRANDE VENTE DE CHARITÉ DU MONDE

L'ancien Hôtel-Dieu, qui n'héberge plus de malades, s'est joint à un centre hospitalier ultramoderne pour former les « Hospices de Beaune ». Ces Hospices possèdent une cinquantaine d'hectares de vignes situées dans les meilleurs crus, provenant de dons ou de legs reçus au fil des siècles. Ce n'est évidemment pas le personnel médical qui s'occupe du domaine; ce soin est laissé à un régisseur. En revanche, les vins sont vendus chaque année aux enchères au cours de la fameuse « Vente des Hospices », qui a toujours lieu le troisième dimanche de novembre. Faisant ainsi œuvre de charité tout en acquérant, du même coup, un certain prestige (et quelques bouteilles de bon vin), des acheteurs venus du monde entier se disputent quelque 600 pièces (tonnaux de 228 litres) vendues à un prix moyen minimum de 16 à 20 000 F!

En outre, la moyenne des prix de vente des Hospices sert de baromètre au marché des vins.

Je consens qu'on me précipite dans la mer du haut
du rocher de Leucade, pourvu qu'auparavant on me
laisse m'enivrer à mon aise et faire rayonner la joie
sur mon front. Bien fou qui n'aime pas à boire, car
le vin nous remplit d'une voluptueuse ivresse... Le
vin nous invite à la danse et nous fait oublier nos
maux.

EURIPIDE (480-405 av. J.-C.)
Le Cyclope

POUR BRILLER EN SOCIÉTÉ

• **Dans le style social :** depuis le XIXᵉ siècle, il existe en Bourgogne des sociétés laïques de secours mutuel. Elles ont été créées pour venir en aide au vigneron qui, à la suite d'un accident ou d'une maladie, se trouve dans l'incapacité de « faire ses vignes ». Ses confrères entretiennent alors son vignoble à sa place, selon des règles bien précises.

• **Dans le style scientifique :** Monge, l'un des créateurs du système métrique, est né à Beaune. Pourquoi, alors, n'a-t-on pas rationalisé la contenance de la pièce (228 litres), de la feuillette (1/2 pièce) ou du demi-muid (2 pièces et demie)? Tout simplement parce que ces contenances correspondent à un volume idéal pour la conservation et le vieillissement des vins.

• **Dans le style historique :** la puissance des ducs de Bourgogne a souvent indisposé les rois de France. C'est Louis XI qui, finalement, parviendra à susciter une sorte de coalition contre la Bourgogne. En 1477, Charles le Téméraire, dernier duc de Valois, attaqué par plusieurs adversaires, dont les Suisses, perdit richesses, terrains et vie. Dès lors, la Bourgogne fut rattachée au royaume de France et le duché cessa d'exister.

• **Dans le style géographique :** 50 000 Bourguignons se partagent environ 34 000 hectares de vignes, ce qui donne une moyenne théorique de 0,7 hectare. En Côte-d'Or, cette moyenne descend jusqu'à 0,5 hectare.

• **Dans le style ludique :** bien que Beaune soit la plus vaste commune viticole, on n'y fait pas que du vin. Il s'y développe également une industrie d'importance : la fabrication des jetons en plastique utilisés dans les salles de jeu.

Le vigneron me taille
Le vigneron me lie
Le vigneron me baille
En mars est toute ma vie
Dicton bourguignon
à propos de la vigne

L'ÉGLISE

De vin on devient divin.
RABELAIS

Catho ou pas, force est de constater que l'Église, osons le mot, fut une des grandes prêtresses des vins, des plus modestes aux plus fameux...

Il faut avant tout savoir que la carte des vignobles français telle que nous la connaissons aujourd'hui est une création relativement moderne. Reprenons l'histoire depuis le début : vers l'an 315 de notre ère, le christianisme est proclamé religion unique et officielle. Pour tous, la communion, sous forme de pain et de vin, devient une institution : il faut donc du vin à toutes les messes.

Il n'existe aucune église qui soit bâtie sans sa terre à vignes, aucun curé qui prêche sans sa treille ou son clos. De la Bretagne aux Alpes et des Flandres au Midi, on trouvait de la vigne dans les villages les plus minuscules. L'air de rien, en moins de deux cents ans, le clergé avait jeté les bases solides de ce qui allait donner les plus célèbres vignobles du monde.

A une époque où l'hôtellerie n'existait pas, ce sont les évêques qui recevaient chez eux seigneurs, rois, empereurs et papes. Le siège de l'évêché était donc presque toujours installé au centre des meilleurs terroirs pour honorer ces visiteurs illustres.

J'ai quelquefois sur ma musette
Chanté les amours et le vin
Et si j'étais moins libertin
Je serais plus mauvais poète.
Guillaume AMFRYE
Abbé de Chaulieu

LE BEAUJOLAIS

Lyon, capitale de la cuisine française, est parcourue,
en dehors de la Saône et du Rhône, par un
troisième fleuve, celui du vin rouge, le Beaujolais,
qui n'est jamais limoneux ni à sec.
Léon DAUDET

POUR NE PAS BOIRE IDIOT

S'il doit être intégré à une région viticole au sens large du terme, c'est à la Bourgogne qu'il faut associer le BEAUJOLAIS.

Le vignoble est situé dans le département du RHÔNE, sauf pour le canton de La Chapelle-de-Guinchay, situé en SAÔNE-ET-LOIRE. Il produit essentiellement des vins rouges.

La ville de Beaujeu est considérée comme première capitale. C'est de cette localité que le Beaujolais tire son nom.

Un seul cépage est utilisé, le gamay noir à jus blanc.

Les appellations

Les appellations sont organisées suivant une sorte d'échelle hiérarchique de plus en plus précise à mesure que l'on en gravit les degrés :

• Le Beaujolais ou Beaujolais Supérieur : produit sur l'ensemble de la région viticole du Beaujolais, il correspond à ce que l'on appelle aussi le « Beaujolais tout court ».

• Le Beaujolais-Villages : les vins issus des meilleurs terrains sont autorisés à le mentionner soit par l'appellation Beaujolais-Villages, soit par l'appellation Beaujolais suivie du nom de la commune de production bénéficiant de cette faveur (il y en a un peu moins de quarante).

• Les neufs crus du Beaujolais : ceux-ci tiennent le haut du pavé. Ils possèdent chacun une appellation à part entière et proviennent, à l'intérieur de la région viticole du Beaujolais, d'aires de production bien délimitées. Il est bon de les connaître par cœur : Saint-Amour, Juliénas, Chénas, Moulin-à-Vent, Fleurie, Chiroubles, Morgon, Brouilly et Côte-de-Brouilly.

Un moyen mnémotechnique pour retenir les neuf crus du Beaujolais du nord au sud :

Si	: Saint-Amour
Je	: Juliénas
Cache	: Chénas
Mon	: Moulin-à-Vent
Fromage	: Fleurie
Comment	: Chiroubles
Mener	: Morgon
Bonne	: Brouilly
Chère	: Côte-de-Brouilly

Ainsi, « Beaujolais tout court » et « Beaujolais-Villages » peuvent provenir d'une commune produisant l'un des neufs crus (dans la pratique, cela ne présente guère d'intérêt, notamment au niveau du prix de vente), mais l'inverse n'est pas possible.

Chaque fois que ce qui est en haut se trouve en bas,
cessons de boire et rentrons chez nous.
Théognis DE MÉGARE (VIe siècle av. J.-C.)

Le Beaujolais nouveau

Le Beaujolais nouveau mérite une attention particulière. D'une manière générale en effet, les vins d'appellation n'ont pas le droit d'être lancés sur le marché avant le 15 décembre. Les vins primeurs font toutefois exception à la règle. Sous certaines conditions d'analyses et de dégustations effectuées par un jury de professionnels anonymes, ils bénéficient d'une dérogation pour être « débloqués » dès le troisième jeudi du mois de novembre.

Le départ du Beaujolais nouveau de sa région de production donne lieu à une sorte de course-poursuite : des dizaines de camions immatriculés dans tous les pays d'Europe quittent le Beaujolais à minuit sonnantes dans un joyeux concert de klaxons. Peu après, des avions-cargos à destination du Japon, des USA, du Canada, etc., décolleront des aéroports parisiens.

Le Beaujolais nouveau est aussi l'objet d'une solide tradition chez nos voisins britanniques : la *Beaujolais Race* (en français, la course du Beaujolais). Tous les ans, la presse d'outre-Manche réserve ses honneurs au premier citoyen de Sa Gracieuse Majesté qui, parti le 3e jeudi de novembre à minuit, apportera une bouteille de Beaujolais primeur en un point donné de Londres. Un tuyau : s'il vous prenait l'envie de vous faire naturaliser anglais pour remporter cette course (histoire de bénéficier d'une petite campagne de relations-presse personnelle), prévoyez, outre les démarches administratives, un stage prolongé dans le labyrinthe fort complexe des banlieues du Sud-Est londonien : c'est toujours dans ce dédale inextricable de petites rues que se creuse l'écart entre les premiers arrivants et que se joue la victoire.

S'il me fallait partir en guerre,
Dans la musette du « mâchon »,
De ce Morgon qu'a fait mon père,
J'emporterais un bon canon.
Moulin-à-Vent, Chénas, Fleurie...
Et du Chiroubles... et du Brouilly.
J'en voudrais aussi, ma patrie,
Pour mieux t'épouser loin d'ici.
P. THOMANN
Almanach du Beaujolais, 1952

Vin nouveau - Vin primeur :
bonnet-blanc, blanc-bonnet?
Non, pas du tout! Un vin « nouveau » le reste tant
que la récolte suivante n'est pas faite. Autrement
dit, c'est le vin de l'année. Le vin primeur, lui, est
celui qui bénéficie d'une dérogation pour être mis
en vente plus précocement. En principe, il n'a le
droit de s'appeler « primeur » que jusqu'au
printemps suivant. Légalement on ne devrait donc
pas dire « Beaujolais nouveau » mais « Beaujolais
primeur ».

Année de groseilles, année de bouteilles.
Proverbe

Que répondre aux ennemis du Beaujolais nouveau?

Comme toute réussite commerciale, celle du Beaujolais nouveau attise les jalousies. Vous remarquerez d'ailleurs que neuf fois sur dix, les critiques les plus virulentes ne viennent ni des producteurs de la région, ni des citadins, trop contents d'être, pour une fois, associés à un phénomène de société bucolique en diable. Non! Les plus vifs contestataires sont les vignerons des autres régions viticoles, qui n'ont pas réussi, et surtout pas pensé, à mettre sur pied non seulement une belle occasion de soigner leur popularité, mais aussi une fabuleuse opération financière.

En effet, débloqué plus tôt et vendu immédiatement, le Beaujolais nouveau représente une rentrée d'argent rapide comparativement aux vins qui ont besoin de vieillir plusieurs mois, voire plusieurs années. Il fallait y penser!

Au-delà de ces considérations, que serait notre mois de novembre sans ce rayon de soleil apporté par le Beaujolais nouveau, qui donne à tous l'occasion de s'encanailler en dégustant un ballon au comptoir à 11 heures du matin? Il faut dire que de telles occasions ne sont pas si fréquentes...

> *Qui n'aime point le vin, les femmes, ni le chant,*
> *il restera un sot toute sa vie durant.*
> Martin LUTHER (1483-1546)

POUR BRILLER EN SOCIÉTÉ

• **Dans le style œnologique :** dire d'un Morgon qu'il « morgonne ». Robe foncée, couleur grenat, parfums de groseilles, de kirsch, de coing. C'est parmi les neuf crus celui qui ressemble le plus à un vin de Bourgogne. Ce sont ces caractéristiques qui font dire de lui qu'il « morgonne ».

• **Dans le style économique :** le Beaujolais nouveau représente, selon les années, un tiers à une moitié de la récolte; mais vous savez comme moi que les crus (en citer un ou deux au passage) sont un peu les seigneurs de cette région et qu'à ce titre, ils méritent vraiment d'être mieux connus.

• **Dans le style géographique** : le Moulin-à-Vent est le seul des crus qui ne doive pas son nom à une commune, mais à un vieux moulin à vent sans ailes.

• **Dans le style scientifico-poétique** : Claude Bernard (1813-1878), professeur en Sorbonne, au Collège de France, académicien, sénateur d'Empire, etc., connu comme l'un des précurseurs de la médecine moderne, était fils d'un vigneron de Saint-Julien. Chaque automne, il redescendait de Paris pour surveiller les vendanges. « ... J'habite sur les coteaux du Beaujolais (...) et je suis à la lettre noyé dans des étendues de vignes qui donneraient au pays un aspect monotone s'il n'était coupé par des vallées ombragées et par des ruisseaux qui descendent des montagnes vers la Saône... »

• **Dans le style historique** : bien avant la conquête de la Gaule par Jules César, des colonies étaient dispersées à travers clairières et forêts. Ainsi, tous les noms de villages se terminant en « as » (Juliénas, Chénas, Avenas, Odenas...) proviendraient d'anciennes colonies ligures, tandis que tous les noms en « é » (Quincié, Lantigné, Lancié...) seraient des noms de propriétaires gallo-romains. Quant aux villages portant des noms de saints (Saint-Amour, Saint-Vérand, Saint-Julien...), ils dateraient des débuts du christianisme, vers le IVe siècle.

L'EAU

Robespierre buvait de l'eau. Il riait d'ailleurs de lui-même en disant :
Il boit de l'eau, l'ami Robespierre!
Est-il aiguière?
Serait-il aqueduc?
Trinquons, Robespierre!
Du raisin, bois le suc!
Quant à Mirabeau, il disait du précité : « Robespierre! Un paltoquet! Il croit encore à la vertu et ne sait pas boire! »
Peut-être n'aurait-il pas écrit cela sur le député hydrophile d'Arras s'il avait su que, contre toute apparence, ce dernier avait également écrit :
Bacchus, de là-haut, à tout buveur d'eau lance un
regard sévère. Sa main, sur leur front nébuleux et
sur leur face blême, en caractères odieux, grave son
anathème. Voyez leur maintien, leur marche
timide; tout leur air dit bien que leur verre est
vide!

Et si nous buvions un verre... d'eau?

L'eau aussi peut être bonne pour le cœur...
Antoine DE SAINT-EXUPÉRY
Le Petit Prince

C'est parce que les Français boivent du vin qu'ils boivent aussi beaucoup d'eau. En effet, on ne passe pas impunément d'un verre de vin blanc à un verre de vin rouge, d'un champagne à un vin rouge ou d'un vin rouge à un autre vin rouge : l'eau est là pour remettre à zéro le goût entre deux vins différents. C'est, en quelque sorte, le « trou normand » du vin. Il n'est pas non plus recommandé de se jeter sur un verre de vin en cas de soif intense : l'eau est là pour ça.

Boire sans soif et faire l'amour en tout temps,
Madame, il n'y a que ça qui nous distingue des
autres bêtes.
BEAUMARCHAIS
Le Mariage de Figaro

L a consommation annuelle des Français en eaux minérales est d'environ 50 litres par personne. Ce qui nous place très largement en tête devant l'Allemagne, l'Autriche, la Belgique... On baptise souvent l'eau du robinet de « Château Chirac » à Paris, ou encore « Château la Pompe ». Sachez qu'il existe un véritable Clos de la Pompe en Suisse, à Lausanne : les services municipaux d'épuration de l'eau possèdent en effet une vigne produisant du vin blanc Vaudois, que l'on peut acheter ou déguster en visitant la station de pompage !

Bon vin mérite bonne eau.

Et cependant, l'eau peut être dangereuse

Eh oui ! Les eaux minérales ont, par définition, des propriétés thérapeutiques. Il faut se garder de boire régulièrement et à haute dose la même marque d'eau. Tout compte fait, l'une des meilleures reste encore celle... du robinet. Dans les grandes villes, elle est contrôlée bactériologiquement tous les jours par des analyses, mais aussi par des goûteurs, des « dégustateurs d'eau » ; dans les petits villages, on la contrôle au minimum tous les trois mois.

Si votre eau du robinet a un goût de Javel trop prononcé, voici un « truc » tout simple : mettez-la au frais dans un pichet une heure avant de la boire. Le goût disparaîtra.

On buvait beaucoup dans les cabarets parisiens pour fêter l'instauration de la Restauration. Désaugiers, auteur d'un toast à Louis XVIII, fut décoré pour cette éloge. Plus tard, le malheureux, contraint de se mettre à l'eau, portait des lunettes rouges pour garder l'illusion du vin.

Un âne ne boit que s'il a soif,
mais c'est parce qu'il ne boit que de l'eau.
François BÉROALDE DE VERVILLE
(1556-1621)
Le moyen de parvenir

LE CHAMPAGNE

De ce vin frais, l'écume pétillante
De nos Français, est l'image brillante.
VOLTAIRE
Le Mondain

POUR NE PAS BOIRE IDIOT

La Champagne viticole s'étend sur quatre départements :
— la MARNE principalement,
— l'AUBE,
— l'AISNE, très peu,
— la SEINE-ET-MARNE, quelques hectares seulement,
et se compose de quatre régions distinctes :
— la montagne de Reims,
— la vallée de la Marne,
— la côte des Blancs,
— les vignobles de l'Aube.

Tout ce vignoble constitue l'aire d'appellation Champagne. Contrairement aux autres régions, il n'existe ni châteaux ni domaines. Ce qui différencie chaque type de champagne, c'est sa marque. Explication simple : à de rares exceptions près, le champagne est un assemblage de vins provenant de différents endroits du vignoble. Ce qui fait la différence, c'est la « recette », les proportions de vins mélangés entre eux, que chaque maison garde secrètes.

Les vins produits en Champagne sont des vins blancs secs, que l'on appelle les vins de base. A partir de ces vins de base s'élabore le Champagne proprement dit : un vin qui mousse.

Trois cépages principaux sont à l'origine des vins de Champagne :

• le pinot noir (à peau noire et pulpe blanche),
• le pinot meunier (à peau noire et pulpe blanche),
• le chardonnay (à peau blanche et pulpe blanche).

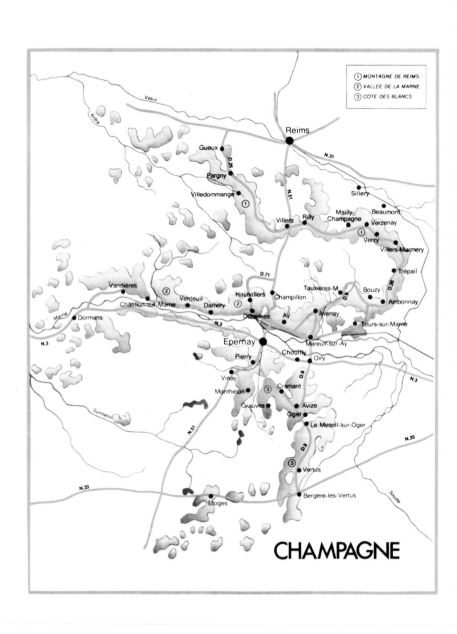

Reims

Gueux

Pargny

Villedommange ①

Villers Rilly

Mailly-
Champagne Beaumont

Sillery

Verzenay

Verzy ①

Villers-Marmery

Trépail

Bouzy

Ambonnay

Tauxières-M

Champillon

Avenay

Tours-sur-Marne

Vandières ②

Venteuil

Châtillon-sur-Marne

Damery ②

Hautvillers

Dormans

Oinières

Aÿ

Épernay

Mareuil-sur-Aÿ

Pierry

Chouilly

Oiry

Vinay

Monthelon

Cramant ③

Grauves

Avize

Oger

Le Mesnil-sur-Oger

Vertus ③

Étoges

Bergère-les-Vertus

① MONTAGNE DE REIMS
② VALLÉE DE LA MARNE
③ COTE DES BLANCS

CHAMPAGNE

Le vin de Bourgogne est pour les rois,
Le vin de Bordeaux est pour les gentilshommes,
Le vin de Champagne est pour les duchesses.

Proverbe champenois

Outre l'appellation générale Champagne, il n'y a pas, comme dans les autres régions, de sous-ensembles aidant à localiser plus précisément la provenance des vins. Il existe en revanche ce qu'on appelle l'« échelle des crus ». Elle s'applique aux meilleurs terrains, selon une cotation allant de 80 à 100 %. Par exemple, le raisin produit sur la commune d'Ay, coté à 100 %, est considéré comme meilleur que celui de la commune de Vertus, coté à 95 % seulement. Cette échelle des crus ne concerne pas directement le consommateur ; elle sert de base pour fixer le prix au kilo du raisin.

La température moyenne annuelle de la Champagne est de 10 °C. Il faut savoir qu'en-dessous de 9°, le raisin ne mûrit plus.

Comment le Champagne devient Champagne

Il va de soi que le raisin à peau et à pulpe blanches, le blanc de blanc, donne du vin blanc. Il est un peu moins évident de concevoir que l'on puisse obtenir des vins blancs à partir de raisin à peau noire et pulpe blanche, le blanc de noir. Ce dernier est pourtant à la base de la plupart des vins de Champagne. Entre le moment de la vendange et celui où le raisin est pressé, il faut que la peau noire (matière colorante) reste le moins longtemps possible en contact avec la pulpe.

Pour cela, les pressoirs sont installés au cœur même des vignobles et le jus des raisins est ensuite transporté en camions-citernes jusqu'aux cuveries pour y être vinifié.

En dehors de ces précautions prises pour presser le raisin, la fabrication du champagne ne diffère guère, jusque-là, de celle des autres vins blancs : comme pour ces derniers, le jus de raisin fermente une première fois. On veille alors à ce que les températures ne dépassent pas 20 °C. Après les différentes manipulations visant à séparer le plus gros des éléments solides du liquide, le vin subit une fermentation secondaire, ou fermentation malolactique (consulter le chapitre sur les vins blancs, p. 42).

Jusque-là, le vin de Champagne ressemble encore à n'importe quel autre vin blanc.

En Champagne, le raisin est pressé par lots de 4 000 kg. Chaque lot est pressé plusieurs fois. Le premier jus qui s'écoule est le meilleur ; clair et fruité, il correspond à ce qu'on appelle la *cuvée*.

Le produit du deuxième pressurage est nommé *première taille* ; quant au jus obtenu par le troisième pressurage, c'est la *deuxième taille*. Première et deuxième tailles sont de qualité inférieure, car plus riches en éléments concentrés et plus faibles en acidité. De plus, elles sont aussi parfois légèrement teintées en raison de leur contact prolongé avec la peau.

Alors? La clé du mystère?

Les vins blancs, issus des différents vignobles, sont ensuite assemblés entre eux, autrement dit mélangés. Deux buts à cette opération : atteindre la qualité voulue d'une part, et trouver d'autre part le « goût maison », différent pour chaque marque. Pour appliquer leur fameuse « recette », les vinificateurs peuvent panacher autant de vins de l'année qu'ils le souhaitent. Ils ont aussi la possibilité d'ajouter les vins dits « de réserve », provenant de stocks constitués les années précédentes pour leurs qualités et leurs spécificités. Le nombre de vins composant l'assemblage est très variable : il peut aller de trois à cinquante ! Il faut préciser que la qualité du résultat n'est pas proportionnelle au nombre de vins assemblés.

En réalisant cet assemblage, le vinificateur *fait une cuvée*.

Jusque-là cependant, il n'a toujours pas été question de mousse !

Nous y venons : à la fin de l'hiver, la cuvée est prête. Le vin est alors mis en bouteille, additionné d'une substance nommée *liqueur de tirage.* Cette liqueur n'est autre que du sucre de canne dissous dans du vieux vin et ensemencé de levures sélectionnées. Un bouchon provisoire, du type bouchon d'eau minérale, est simplement posé.

C'est alors que s'opère le miracle : la liqueur fermente en produisant du gaz carbonique. C'est ce gaz qui créera les bulles. Nous assistons alors à la *champagnisation.*

La champagnisation peut être plus ou moins réussie. Mousse dense, bulles fines sans cesse renouvelées dans le verre : réussite totale. Bulles grosses, rares et comparables à la mousse de la bière : c'est loupé!

Dionysos (Bacchus) et Aphrodite se tiennent et vont ensemble.
ARISTOTE

Tout ceci se passe dans le plus grand calme et dure plusieurs mois. De plus, la prise de mousse provoque un dépôt dans les bouteilles. Tout l'art va maintenant consister à faire glisser ce dépôt dans le goulot pour l'éliminer ensuite. Pour cela, les bouteilles sont disposées tête en bas, d'abord peu penchées, puis de plus en plus. Elles ne tiennent évidemment pas dans cette position par l'opération du Saint-Esprit : elles sont placées sur des pupitres en bois troués d'alvéoles. N'ayant pas non plus le pouvoir de s'agiter toutes seules, elles sont manipulées par des remueurs qui, tout en les penchant chaque fois davantage, leur font subir environ un quart de tour afin que le dépôt accumulé sur les parois de la bouteille tombe vers le goulot.

Le *remuage* n'apporte aucune qualité supplémentaire au vin : il sert seulement à clarifier ce dernier, c'est-à-dire à le débarrasser de son dépôt.

> Tous les métiers existent sur terre : celui de *remueur* aussi, et il n'est pas des plus évidents. Un bon remueur manipule, de ses deux mains, entre 30 et 40 000 bouteilles par jour ! Cependant, beaucoup de maisons de Champagne tendent de plus en plus à mécaniser ce travail. L'histoire ne dit pas si le personnel de cave a les poignets plus musclés en Champagne qu'ailleurs.

Ce *remuage* dure environ huit semaines, mais la conservation des bouteilles sur les pupitres peut se prolonger plusieurs mois, voire plusieurs années, durant lesquelles le vin se bonifie à son aise.

Lorsqu'on aura décidé de le commercialiser, il faudra passer à l'étape suivante : l'élimination du dépôt bloqué dans le goulot.

Toujours tête en bas, les bouteilles sont sorties des caves et trempées, mécaniquement, par rangées, dans un bain réfrigérant portant le nom barbare de *banc de dégorgement*. L'amas de dépôts forme alors un glaçon qui saute, poussé par le gaz carbonique contenu dans la bouteille, dès la capsule provisoire enlevée.

> *Miracle du vin, qui refait de l'homme*
> *ce qu'il n'aurait jamais dû cesser d'être :*
> *l'ami de l'homme.*
> René ENGEL

> *Le Champagne est le seul vin de*
> *France dont le goût puisse être*
> *adouci par une liqueur sucrée.*

Soucieux de son originalité, le Champagne s'accorde une dernière coquetterie avant de se laisser déguster : le *dosage*. Le vide créé par l'enlèvement du dépôt est comblé plus ou moins fortement par une autre liqueur, composée de sucre et de vin de Champagne non pétillant. Cette liqueur va « doser » le champagne, c'est-à-dire le rendre plus ou moins sucré. On obtiendra alors du Champagne brut, sec, demi-sec ou doux.

La liqueur ajoutée avant la mise du bouchon définitif s'appelle *liqueur de dosage* ou *liqueur d'expédition*, les bouteilles étant expédiées peu après. Dans la pratique, cela correspond aux volumes suivants :
— brut   : environ 1 % de liqueur,
— extra-sec : de 1 à   3 %,
— sec   : de 3 à   5 %,
— demi-sec : de 5 à   8 %,
— doux   : de 8 à 15 %.
Cependant un Champagne peut aussi ne pas recevoir de liqueur du tout. Dans ce cas, le vide est comblé par du vin de même qualité. C'est alors un vin brut à 100 %, ultra-brut, ou brut sauvage.

> *Aujourd'hui l'espace est splendide !*
> *Sans mors, sans éperon, sans bride*
> *Partons à cheval sur le vin*
> *Pour un ciel féerique et divin !...*
> *Ma sœur, côte à côte nageant,*
> *Nous fuirons, sans repos ni trêves*
> *Vers le paradis de mes rêves !*
> BAUDELAIRE

S'il n'est de Champagne qu'en Champagne, la méthode champenoise permet toutefois d'obtenir des vins qui pétillent dans d'autres régions.

« Goût américain », « goût russe », chacun son truc !
Bien qu'il y ait aussi des bulles, ce n'est pas de Coca dont il s'agit, mais toujours de Champagne. Les Russes furent jusqu'en 1917 de grands consommateurs de Champagne, leur préférence allant vers des vins doux, qualifiés, avec l'habitude, de « goût russe » ; quant aux Américains, ils ne consommaient que du sec, dit « goût américain ».

DOM PÉRIGNON

Jusqu'au XVIIe siècle, les vins de Champagne étaient des vins « tranquilles » (qui ne moussaient pas). On a tendance à attribuer cette innovation que représentait la mousse à un moine de l'abbaye d'Hautviller, Dom Pérignon. Cependant, il paraît plus probable que le phénomène de la mousse ait été découvert par hasard. Alors inhabituelle, cette prise de mousse faisait qualifier le Champagne de « vin du diable ». Si Dom Pérignon ne l'inventa pas, il fut en tout cas un précurseur en matière de culture de la vigne, obtenant des rendements supérieurs à ses contemporains. Fin dégustateur et grand amateur, il fut l'initiateur des cuvées, assemblage des vins provenant des différents endroits du vignoble.

Les maisons de Champagne sont des négociants. Elles sont même appelées **négociants-manipulants**. Elles achètent du raisin pour tout ou partie de leurs besoins, le transforment en Champagne et le vendent. Le négociant-manipulant peut ou non posséder ses propres vignes. La réputation d'une maison de Champagne ne se mesure pas au nombre de vignes qu'elle possède, mais à la qualité des raisins qu'elle achète et du Champagne qu'elle produit. La majorité des grandes marques possèdent des vignes qui ne suffisent pas, loin s'en faut, à couvrir leurs besoins.

Procure des boissons fortes à qui va périr,
Du vin au cœur rempli d'amertume;
Qu'il boive! qu'il oublie sa misère!
Qu'il ne se souvienne plus de sa peine!
La Bible
(On comprend à présent l'influence de l'Église
sur l'histoire du vin : elle ne faisait, après tout,
qu'exécuter un ordre divin!)

POUR BRILLER EN SOCIÉTÉ:

• **Dans le style historique :** les rois de France furent de bons promoteurs des vins de Champagne. Reims les recevait fréquemment. Chacun d'eux y fit au moins une visite, puisque tous, en souvenir du baptême de Clovis, vinrent s'y faire sacrer.

• **Dans le style pratique :** les débuts du Champagne furent périlleux. En 1750, les transports étaient difficiles pour des vins si fragiles. D'abord expédiés en tonneaux, ils supportaient mal le voyage. Par la suite, les bouteilles, trop minces, explosaient sous la pression mal contrôlée ou se brisaient lors des expéditions.

• **Dans le style économique :**
— Dix grandes maisons de Champagne réalisent 80 % du chiffre d'affaires global.
— Une vingtaine de maisons moyennes réalisent 15 % du chiffre d'affaires global.
— Soixante-dix petites maisons réalisent les 5 % restant.

• **Dans le style juridique :** la délimitation du vignoble champenois a été établie par la loi du 22 juillet 1927 et révisée par celle du 11 février 1951, qui priva de l'appellation les terrains abusivement classés la première fois.

• **Dans le style scientifique :** on procède depuis quelque temps en Champagne à des essais de plantation par rayons laser, pour obtenir un alignement parfait des pieds de vigne. Cet alignement irréprochable est devenu indispensable à la mécanisation.

• **Dans le style anecdotique :** les exportations de champagne représentent la valeur de 20 Airbus.

CÔTES DU RHÔNE

Vienne
Ampuis
Condrieu
Rhône
St-Uze
Hermitage
Tain
Tournon
La-Roche-de-Glun
Cornas
St-Peray
Valence
La-Voulte-sur-Rhône
Eyrieux
Livron-sur-Drôme
Die
Drôme
Montélimar
Roubion
Lez
Rousset
St-Pantaléon les-Vignes
Valréas
Vinsobres
Visan
St-Maurice-sur-Eygues
Rochegude
Rasteau
Roaix
Vaison-la-Romaine
Ouvèze
Cairanne
Seguret
Sablet
Pont-Saint-Esprit
Saint-Gervais
Aygues
Gigondas
Vacqueyras
Chusclan
Orange
Beaumes-de-Venise
Laudun
Lirac
Tavel
Châteauneuf-du-Pape
Avignon
Rhône
Durance

1 COTES DU RHONE
1 bis COTES DU RHONE VILLAGES
2 COTE ROTIE
3 CONDRIEU
4 CHATEAU-GRILLET
5 HERMITAGE
5 bis CROZES-HERMITAGE
6 ST-JOSEPH
7 CORNAS
8 ST-PERAY
9 CHATEAUNEUF-DU-PAPE
10 LIRAC
11 TAVEL
12 BEAUMES DE VENISE
13 GIGONDAS
14 RASTEAU

15 CLAIRETTE DE DIE
16 COTEAUX DU TRICASTIN
17 COTES DU VENTOUX
18 COTES DU LUBERON

LES CÔTES-DU-RHÔNE

Si l'amante de Titon
A son mari aux cheveux blancs
Une vaste coupe
De ce vin-là avait versé
Ce bon vieux aurait retrouvé la jeunesse
Francesco REDI
(XVIIᵉ siècle)

POUR NE PAS BOIRE IDIOT

Le vignoble des Côtes-du-Rhône s'étend sur 200 kilomètres entre Vienne et Avignon. Sept départements sont concernés : par ordre d'importance, le Vaucluse, le Gard, la Drôme, l'Ardèche, la Loire, le Rhône et l'Isère.

Le vignoble comprend deux secteurs distincts : l'un allant de Vienne au nord de Valence, l'autre du sud de Montélimar à Avignon. Ces deux secteurs sont séparés par une zone sans vignes d'une cinquantaine de kilomètres.

La partie nord et la partie sud sont extrêmement différentes à tous points de vue (climat, sols, organisation des appellations, etc.), si bien qu'elles pourraient parfaitement ne pas être réunies sous le nom générique de Côtes-du-Rhône. En fait, elles n'ont pratiquement qu'un point commun : être réparties de part et d'autre du Rhône.

Les Côtes-du-Rhône du nord, ou Côtes-du-Rhône septentrionales

Elles comprennent huit appellations disposées de part et d'autre du Rhône. En voici la liste, dans le sens Lyon-le Midi :
• Côte-Rôtie (rive droite), vins rouges uniquement.
• Condrieu (rive droite), vins blancs uniquement.
• Château-Grillet (rive droite), vins blancs uniquement.
• Saint-Joseph (rive droite), vins rouges et vins blancs.
• Hermitage (rive gauche), vins rouges et vins blancs.

- Crozes-Hermitage (rive gauche), vins rouges et vins blancs.
- Cornas (rive droite), vins rouges uniquement.
- Saint-Péray (rive droite), vins blancs et vins mousseux.

Le cépage syrah est le cépage des vins rouges. Les cépages roussanne et marsanne donnent les vins blancs, à l'exception de Saint-Péray, qui a son cépage personnel (la roussette) et de Condrieu et Château Grillet (leur cépage est le viognier).

Bois du vin, car tu dormiras longtemps sous la
terre
Sans compagnon, sans ami, sans femme,
Garde-toi de confier à personne ce secret,
Un coquelicot fané ne refleurit jamais.
Omar KHAYAM (1022-1124)

Château Grillet est un cas unique dans la viticulture française, puisqu'il est l'une des plus petites appellations : elle ne couvre que 2,5 hectares. En outre, les vins auxquels elle s'applique ne sont produits que dans une seule propriété.

Le chevalier Gaspard de Stérimberg, dégoûté des horreurs de la guerre, se retira du monde et construisit un ermitage. C'est de là que viendrait le nom « hermitage ».

A l'intérieur de l'appellation Côte-Rôtie, il existe la « Côte-Brune » et la « Côte-Blonde ». On raconte que ce serait en souvenir d'un certain seigneur de Maugiron, qui partagea par testament ses terres entre ses deux filles, l'une brune et l'autre blonde. Toujours est-il que la Côte-Brune donne des vins plus corsés et la Côte-Blonde des vins plus fins.

Un verre de vin est une chaude fourrure,
Un verre de vin vaut un habit de velours.

Proverbe

Outre les vins blancs secs, Saint-
Péray produit des blancs de blanc
(raisin à peau et à pulpe blanches)
selon la méthode champenoise,
autrement dit des vins
qui moussent.

Les Côtes-du-Rhône du sud, ou Côtes-du-Rhône méridionales.

Elles offrent une classification plus complexe, car les appellations ne sont pas sagement disposées les unes au-dessous des autres. On trouve, de part et d'autre du Rhône, six appellations. Les voici, citées dans le sens Montélimar-le Midi :

• Côtes-du-Rhône (sur les deux rives), vins rouges, rosés et blancs.

• Côtes-du-Rhône-Villages (sur les deux rives), vins rouges, rosés et blancs.

Côtes-du-Rhône et Côtes-du-Rhône-Villages couvrent un peu plus de 40 000 hectares. 23 cépages différents sont autorisés. A l'intérieur de la simple appellation « Côtes-du-Rhône », les vins issus des meilleurs terrains sont autorisés à le mentionner, soit par l'appellation « Côtes-du-Rhône-Villages », soit par l'appellation « Côtes-du-Rhône » suivie du nom de la commune de production bénéficiant de cette faveur. 80 villages, situés dans la Drôme, le Gard et le Vaucluse, et produisant, pour les 4/5e, des vins rouges, sont concernés.

• Châteauneuf-du-Pape (sur la rive gauche), pour des vins rouges et des vins blancs.

• Gigondas (sur la rive gauche), vins rouges et rosés.

• Tavel (sur la rive droite), vins rosés uniquement.

Philippe Le Bel, Ronsard,
Louis XIV, Balzac, pour ne citer
qu'eux, avaient fait du Tavel le vin
des jours
de fête.

• Lirac (sur la rive droite), vins rouges, rosés et blancs. Si, pour une raison ou pour une autre, un vin produit sur l'un de ces terroirs septentrionaux ou méridionaux n'obtenait pas l'appellation à laquelle il peut normalement prétendre, il aurait toujours la possibilité de se rabattre sur la simple appellation « Côtes-du-Rhône ». Quant à cette dernière, il ne lui resterait plus, alors, qu'à désigner un simple vin de table.

CHÂTEAUNEUF-DU-PAPE

Jacques Duèse (1245-1334), pape d'Avignon sous le nom de Jean XXII, fit construire le château qui lui servait de résidence estivale pour se remettre des vicissitudes de la vie avignonnaise. D'où le nom de Châteauneuf, qui devint par la suite Châteauneuf-Calcernier en raison de l'exploitation de nombreux fours à chaux, puis Châteauneuf-du-Pape.
Châteauneuf-du-Pape est la première appellation française à s'être donné volontairement un statut réglementant toute la production de son vin.
13 cépages différents peuvent entrer dans la composition des vins de Châteauneuf-du-Pape.

Dans une période trouble où les intérêts divergents s'affrontent, où les passions partisanes s'exaspèrent, où l'insécurité s'accroît, faire de la propagande pour le bon vin de France, c'est servir notre Patrie en servant le monde entier. C'est le vin, en effet, qui réunit autour d'une même table les hommes de bonne volonté de tous les pays, qui les rapproche, qui leur apprend à se mieux connaître, qui les révèle les uns aux autres et devient ainsi le médiateur des réconciliations internationales comme le symbole de l'union de tous les Français. Le vin est, lui, le véritable apôtre de la paix.

Baron LE ROY DE BOISSEAUMARIÉ
(Le baron Le Roy fut l'initiateur de l'appellation Châteauneuf-du-Pape. Grande personnalité du monde du vin, il fut aussi président d'un nombre impressionnant d'organismes concernant le vin.)

Les autres

Font également partie des Côtes-du-Rhône sans en faire réellement partie :

• Les Coteaux-du-Tricastin (sur la rive gauche), vins rouges, rosés et blancs.

• Les Côtes-du-Ventoux (sur la rive gauche), vins rouges, rosés et blancs.

• Les Côtes-du-Lubéron (sur la rive droite), vins rouges et rosés.

• Les Côtes-du-Vivarais (sur la rive droite).

• Les Coteaux-de-Pierrevert (sur la rive droite).

Ces deux dernières appellations s'appliquent à des vins rouges, rosés et blancs, mais ne sont pas, comme leurs voisines, des appellations d'origine contrôlées (A.O.C.). Elles portent le titre moins prestigieux de V.D.Q.S. (Vin Délimité de Qualité Supérieure).

Ces vignobles sont géographiquement proches des Côtes-du-Rhône, mais ils n'en font pas juridiquement partie. En revanche, les deux appellations Coteaux-du-Tricastin et Côtes-du-Ventoux sont administrativement rattachées aux Côtes-du-Rhône pour bénéficier de la promotion régionale.

La Clairette de Die

En réalité, la Clairette de Die ne fait pas partie de la région des Côtes-du-Rhône, mais ses vignobles n'en sont pas très éloignés. Ils sont situés de part et d'autre de la Drôme (affluent du Rhône). Schématiquement, cela donne : en haut, les Côtes-du-Rhône du nord, en bas les Côtes-du-Rhône du sud. Entre les deux, un espace sans vignes. A cet endroit, légèrement décalée sur la droite, se loge la Clairette de Die.

Il s'agit principalement de vins mousseux, mais on y trouve aussi des vins blancs secs.

La **Clairette de Die** est obtenue soit par la méthode champenoise (voir p. 123), soit par la méthode dite *dioise*, qui consiste à ne pas rajouter de sucre au moment de la mise en bouteilles. Naturellement chargé en sucre, le vin subit une nouvelle fermentation qui dégage du gaz carbonique sans ajouter de liqueur.

Tu réveilles dans un cœur abattu l'espérance et la force; avec toi, le pauvre lève la tête et ne craint plus la colère des rois ni des épées.
HORACE (Ier siècle av. J.-C.)

POUR BRILLER EN SOCIÉTÉ

• **Dans le style économique :** les caves coopératives assurent 70% de la production des Côtes-du-Rhône. Cette proportion est un peu moins forte pour les Côtes-du-Rhône-Villages et pour les appellations les plus réputées.

• **Dans le style œnologique :** on dit des vins rouges qu'ils sont *en habit de soie* quand ils sont souples, glissants, et donnent une impression de légèreté.

• **Dans le style historique :** le nom « La Coste du Rhône » apparaît en 1731 dans un arrêt royal. Cet arrêt précisait déjà les conditions de récolte, de vinification et d'« emballage » des vins de la commune de Roquemaure (Gard).

• **Dans le style géographique :** les vignes des Côtes-du-Rhône du nord poussent sur des terrains très fortement pentus qui obligent les vignerons à faire des cultures en terrasses retenues par des murets. Bien évidemment, cette dénivellation rend la mécanisation quasiment impossible.

• **Dans le style antique :** Pline et Plutarque connaissaient déjà le Saint-Péray et chantaient ses louanges. Et vous ? Je parie que vous n'en avez jamais entendu parler !

LA TEMPÉRATURE DES VINS

On a souvent tendance à boire du vin trop chaud ou trop froid !

Trop chaud parce qu'on sait que *chambré* veut dire « à la température de la pièce ». Or, il faut tout de même se souvenir que ce terme date d'une époque où les maisons n'étaient pas surchauffées comme aujourd'hui : la température ne dépassait jamais 16 à 17 degrés !

Trop froid parce qu'il arrive fréquemment qu'on laisse une bouteille dans un seau à glace et qu'on ne songe pas à l'en sortir au moment où il le faudrait.

D'une manière générale cependant, il vaut mieux servir un vin légèrement trop frais (pas froid, mais frais) que trop chaud. D'un vin trop chaud, seule la sensation d'alcool se dégage, et l'on ne profite pas de tous les arômes.

Il est important de savoir qu'un vin se réchauffe d'environ un degré toutes les dix minutes. Par conséquent, il parvient très vite à la température ambiante. Le meilleur moyen de le refroidir au cours d'un repas est de le plonger dans de l'eau fraîche. Une exception cependant : ne faites pas cela pour des vins vieux, qui risqueraient de ne pas supporter ces écarts de température.

Dernier point : ON NE MET PAS une bouteille à toute vitesse au réfrigérateur ou au congélateur pour la refroidir juste avant un dîner. Cela « casse » le vin.

Les températures de dégustation

15°-17°

Pour les vins rouges du Bordelais et les vins doux naturels vieux.

14°-16°

Pour les vins rouges de Bourgogne et des Côtes-du-Rhône. Plus près de 14° pour les vins rouges du Sud-Ouest, de Provence et du Languedoc-Roussillon et pour tous les vins rouges puissants.

12°

Pour les vins rouges du Val-de-Loire, du Beaujolais, du Jura, les grands bourgognes et les grands bordeaux blancs, les grands crus d'Alsace, les blancs des Côtes-du-Rhône septentrionales.

7°-10°

Pour les vins blancs secs qui se boivent jeunes (types Sancerre, Entre-Deux-Mers, vins de Savoie, vins blancs d'Anjou...), les vins moelleux, le vin jaune, les vins rosés.

6°-8°

Pour le champagne et les vins liquoreux.

LE JURA

Ton ami est à l'égal du vin le plus vieux de ta
cave : prends-en sagement, lève le verre doucement.
Ronald DE CARVALHO (1893-1935)

POUR NE PAS BOIRE IDIOT

Le vignoble du Jura s'étend sur trois départements :
— le Jura, principalement,
— le Doubs,
— la Haute-Saône.
Cette région est amusante car on y trouve toutes les sortes de vins, y compris des vins jaunes et des vins de paille.

Les appellations et les cépages

Il existe cinq appellations :
• Arbois, pour des vins rouges, rosés, gris, blancs, mousseux, jaunes et de paille ;
• Arbois-Pupillin, pour des vins rouges, rosés, blancs et mousseux ;
• Côtes-du-Jura, pour des vins rouges, rosés, blancs mousseux, blancs et mousseux rosés ;
• Étoile, pour des vins blancs, mousseux blancs, jaunes, de paille ;
• Château-Chalon, uniquement pour des vins jaunes.
L'appellation Côtes-du-Jura commence au-delà de Salins-les-Bains et se poursuit jusque dans l'Ain. Les appellations Arbois, Arbois-Pupillin, Château-Chalon et l'Étoile s'y intercalent.
Les cépages sont le poulsard et le trousseau (typiquement jurassiens), le pinot noir pour les rouges, le chardonnay et le savagnin pour les blancs.

*Le cépage savagnin possède une
forte personnalité : il mûrit
lentement, résiste aux gelées et se
récolte parfois sous la neige*

Un bon verre de vin enlève un écu au médecin.

Proverbe

Les vins spéciaux
Le vin jaune

Quel peintre fou aurait eu l'audace d'imaginer un vin *jaune*? Et pourtant, le vin jaune existe, et c'est unique au monde.

Le vin jaune est élaboré à partir du seul cépage savagnin. Le jus de raisin est transformé en vin, comme pour les autres vins blancs (voir p. 42). Jusque-là, rien de bien particulier, si ce n'est le cépage.

Les choses prennent un tour différent lorsqu'on met le vin à vieillir dans de vieux fûts de chêne (de 110 à 220 litres) : il y restera au minimum six ans sans qu'on y ajoute, comme dans les autres régions, du vin au fur et à mesure de son évaporation.

Les fûts sont stockés en caves peu profondes afin de subir les écarts de température. Il se forme alors, sur le dessus du vin, une sorte de voile de levures assurant une oxydation lente et mesurée.

Capiteux, aromatique, le goût d'un vin jaune reste très longtemps dans la bouche. Il ne se contente pas de cela : une bouteille ouverte se conserve plusieurs mois. Et pour cause! Là où tout autre vin aurait déjà, dans le tonneau, tourné en vinaigre, le vin jaune s'est stabilisé en subissant une super-oxydation. Ce qui explique que l'air ne puisse plus grand-chose contre lui.

Le vin de paille

Grand original lui aussi, le vin de paille n'est cependant pas une exclusivité de la région : on en trouve aussi dans les Côtes-du-Rhône.

Le vin de paille subit un traitement différent. Après les vendanges, les grappes sont mises à sécher, soit sur de la paille, soit pendues, pendant au moins trois mois. Résultat : le raisin perd en acidité et gagne en sucre. Vers le mois de février, les raisins sont pressés et mis à fermenter. La fermentation dure très longtemps, entre un et deux ans. Après un vieillissement de trois à quatre ans en fûts, le vin de paille est mis en bouteille et peut se conserver indéfiniment.

Des raisins mis à « **sécher** », on dit qu'ils sont « **passerillés** ».
Il faut environ **cent** kilos de raisins pour obtenir **25** litres de vin de paille. La moyenne des autres vins est d'un kilo de raisin pour un litre de vin. Le vin jaune est vendu en bouteilles dites « **clavelin** » contenant **62** cl. Le vin de paille est vendu en demi-bouteilles.

Je peux proclamer tes vertus, mon cher vin ! Tu possèdes beauté et bonté, tu nous donnes une ardeur joyeuse, tu enhardis le couard ; quiconque adopte tes couleurs acquiert ruse et sagesse, vivacité et vigueur, et ne redoute nulle menace ; tu réjouis la tristesse, rends à la vieillesse un esprit juvénile, enrichis le malheureux dans son dénuement ; tu donnes à tous une mine prospère...
LE GRAND BUVEUR
(fabliau allemand composé vers 1250)

Le biou est une gigantesque grappe de raisin formée... de grappes de raisin. Sa taille est proportionnelle à la qualité de la récolte. Elle est portée en procession et offerte, le premier dimanche du mois de septembre, à Saint-Just, patron d'Arbois.

POUR BRILLER EN SOCIÉTÉ

• **Dans le style économique :** la production de vin du Jura est équitablement répartie entre trois groupes égaux : 1/3 est assuré par les caves coopératives, 1/3 par le négoce et 1/3 par des exploitations particulières.

• **Dans le style œnologique :** parler du vin jaune. Pour cela, il est tout de même recommandé d'en avoir goûté au moins une fois.

• **Dans le style historique :** autrefois, le vin était très important dans le Jura. Les franchises accordées par Hugues de Vienne à la ville de Lons-le-Saunier en 1293 ne comptent pas moins de dix articles consacrés au vin.

Henri IV offrait des vins du Jura à ses ennemis pour se réconcilier avec eux.

• **Dans le style scientifique :** Louis Pasteur est né à Dole. Il passa sa jeunesse à Arbois et y revint régulièrement. Les vins furent pour lui un terrain de recherches privilégié.

LE LANGUEDOC-ROUSSILLON

Il faut être toujours ivre (...)
De vin, de poésie ou de vertu, à votre guise,
Mais enivrez-vous.
BAUDELAIRE

POUR NE PAS BOIRE IDIOT

Les vignobles du Languedoc-Roussillon s'étendent sur quatre départements :
— l'Aude,
— le Gard,
— l'Hérault,
— Les Pyrénées-Orientales.

Paradoxalement, le vignoble du Languedoc-Roussillon, qui est pourtant l'un des plus anciens de France, est aussi celui qui a connu le développement le plus tardif. Parmi les faits les plus récents, la création du réseau de chemin de fer entre les années 1850 et 1880 est une conséquence directe du développement du vignoble dans le Midi méditerranéen.

Les appellations

On trouve 16 appellations dans le Languedoc. Les voici, dans le sens Nîmes-l'Espagne :
• Clairette-de-Bellegarde, vins blancs,
• Clairette-du-Languedoc, vins blancs,
• Muscat-de-Lunel, vins doux naturels,
• Muscat-de-Minerval, vins doux naturels,
• Muscat-de-Frontignan, vins doux naturels,
• Faugères, vins rouges,
• Saint-Chinian, vins rouges,
• Muscat-de-Saint-Jean-de-Minervois, vins doux naturels,
• Minervois, vins rouges, rosés et blancs,
• Corbières, vins rouges, rosés et blancs,
• Fitou, vins rouges,

- Blanquette-de-Limoux, vins blancs mousseux,
- Costières-du-Gard,
- Coteaux-du-Languedoc, plus 12 appellations VDQS,
- Côtes-du-Cabardès et de l'Orbiel,
- Côtes-de-la-Malepère.

La Blanquette-de-Limoux est le seul vin mousseux élaboré en Languedoc. On dit que c'est le vin mousseux le plus vieux du monde. Ce sont les moines de Saint-Hilaire qui découvrirent qu'avec les premières douceurs du printemps, le vin de Blanquette fermentait à nouveau. Ils auraient découvert cela cent ans avant Dom Pérignon.

L'appellation Fitou est la plus ancienne du Languedoc, elle date de 1948.

> *Qu'ils sont doux,*
> *Bouteille jolie*
> *Qu'ils sont doux*
> *vos petits glouglous!*
> *Mais mon sort ferait bien des jaloux*
> *Si vous étiez toujours remplie,*
> *Ah! bouteille ma mie,*
> *Pourquoi vous videz-vous?*
> MOLIÈRE

Le Roussillon, quant à lui, comporte six appellations. Toujours dans le sens Est-Ouest :
- Maury, vins doux naturels,
- Rivesaltes, vins doux naturels,
- Muscat de Rivesaltes, vins doux naturels,
- Côtes-du-Roussillon et Côte-du-Roussillon-Villages, vins rouges,
- Collioure, vins rouges,
- Banyuls, vins doux naturels.

Le Christ n'a pas changé le vin en eau,
mais l'eau en vin.
Proverbe languedocien

Qu'est-ce qu'un vin doux naturel?

Sous ce vocable très agréable se cache la grande spécialité du Roussillon, vieille de plus de 700 ans. Le principe des vins doux naturels fut découvert au XIIIe siècle par Arnaud de Villeneuve, qui constata la possibilité de conserver une certaine douceur à un vin en y ajoutant de l'alcool au moment de la fermentation. C'est le même principe qui est appliqué aujourd'hui : les vendanges faites, le raisin est mis en fermentation comme n'importe quel autre vin (cf. le chapitre sur la vinification). Cependant, on ne lui laisse pas le temps de terminer sa fermentation et on lui ajoute de l'alcool (entre 5 et 10 % du volume du moût). C'est ce qu'on appelle le *mutage*. Le vin conserve ainsi une partie des sucres du raisin et devient donc du vin doux naturel.

Cette méthode peut s'appliquer à des vins rouges ou blancs. Pour stabiliser le tout, les vins doivent vieillir un certain temps (au minimum un an). A ce stade, intervient le phénomène d'oxydo-réduction, ou action conjuguée de l'air et de l'évaporation. En effet, les vins doux naturels sont mis à vieillir dans des cuves ou dans des fûts où l'air circule. Les plus charpentés peuvent même être exposés au soleil et aux intempéries dans des bonbonnes de verre placées à l'extérieur.

Dans la catégorie « vins doux naturels », il existe deux qualités différentes : les *Rancios* et les *Muscats*. La dénomination de Rancio s'applique à des vins vieillis dans des fûts de bois auxquels on applique la méthode dite « de la barrique perpétuelle » : on maintient un niveau constant dans la barrique en ajoutant chaque année du vin moins vieux. Quant aux Muscats, élaborés à partir de vins blancs, ils sont plus fragiles que les Banyuls ou Maury et ne sont pas laissés au contact de l'air au cours de leur vieillissement.

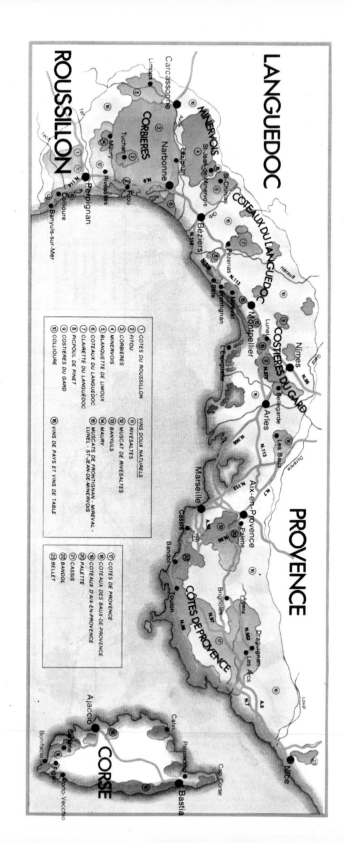

> *Le goût du vin n'est pas un crime et il en fait
> rarement commettre. Pour une querelle passagère
> qu'il cause, il forme cent attachements durables.
> Les buveurs ont de la cordialité, de la franchise :
> ils sont presque tous bons, droits, braves et honnêtes gens.*
>
> ROUSSEAU

*Après la difficile période de la crise du phylloxéra, qui dévasta
toutes les vignes de France à la fin du siècle dernier (voir
p. 57), on assista, en Languedoc-Roussillon, à une
reconstitution du vignoble réalisée à vitesse grand V. Trop vite
malheureusement : surproduction et chute des cours entraînèrent
inévitablement misère et révolte. En une dizaine d'années,
certains terrains de la région de Béziers perdirent jusqu'à
60 % de leur valeur. Marcellin Albert, un petit viticulteur du
Languedoc, organisa les protestations, rassemblant des milliers
de personnes. Les conseils municipaux de l'Aude, de
l'Hérault, des Pyrénées-Orientales furent contraints de
démissionner. Les communes n'étaient plus administrées, les
impôts restaient impayés. La sous-préfecture de Narbonne et la
préfecture de Perpignan furent prises d'assaut. Le 19 juin
1907, les soldats du 139ᵉ régiment de ligne tirèrent sur les
manifestants, faisant cinq morts. Le lendemain, un autre
régiment refusa d'ouvrir le feu et fit cause commune avec les
viticulteurs. Il fallut, pour calmer le jeu, que Marcellin Albert
s'entretienne avec le président du Conseil, Clemenceau.
Différentes lois, qui n'eurent d'ailleurs pas d'effet immédiat,
furent votées. De ces événements naquit le syndicalisme viticole,
avec la création de la Confédération générale des vignerons en
juillet 1907.*

> *Le vin réchauffe un tempérament humide et froid
> et rafraîchit un tempérament chaud et sec.*
>
> LE CROM

POUR BRILLER EN SOCIÉTÉ

• **Dans le style linguistique :** du temps de Pline le Jeune, on exportait les vins du Languedoc sous le nom d'*Apianae*, qui signifie « qui attire les abeilles ».

• **Dans le style hydrographique :** le réseau hydrographique est très dense dans le Languedoc-Roussillon. Une bonne vingtaine de cours d'eau et de torrents ou autres oueds ont contribué, en modelant les reliefs, à la grande qualité du terroir.

• **Dans le style historique :** ce sont les Romains qui perfectionnèrent la culture de la vigne : au lieu de rangs très espacés entre lesquels poussaient des légumes, ils plantèrent des vignobles en quiconces, plus serrés.

LES MOTS DU VIN

Généralités

Curieusement, il n'existe pas de langage propre au vin. Pour évoquer ce dernier, on est contraint d'emprunter vocabulaire et métaphores à d'autres domaines. Ainsi peut-on, par exemple, choisir des termes se rapportant à la femme. On dira alors d'un vin qu'il a de la cuisse ou de la fesse, une robe et des jambes, qu'il est affriolant ou coquin. On parle aussi du « dépucelage » d'une bouteille. Le vin peut également être assimilé à un homme ; il sera alors jeune, mûr, vieux ou carrément sénile, ou encore fatigué, aimable, loyal ou franc. Dans tous les cas, on lui attribue un caractère et un sexe.

Aujourd'hui, une modification est intervenue, et elle est de taille : les femmes ont désormais accès au vin. Elles en boivent davantage et plus fréquemment qu'autrefois. Rendez-vous donc dans quelques années pour constater l'évolution du langage dans ce domaine. Quoi qu'il arrive, il y a fort à parier que les adjectifs liés aux couleurs (rubis, vermeil, brillant) et aux arts plastiques (charpenté, structuré, équilibré) survivront à cette relative révolution.

Le vocabulaire du vin abonde en descriptions d'odeurs de toutes sortes ; des florales aux végétales, en passant par les animales, elles ne sont d'ailleurs pas toujours synonymes de qualité. En revanche, le langage musical ne lui a pas fait don d'un seul terme.

Quel que soit le registre choisi, le but reste de parvenir à parler du vin, à communiquer sensations et impressions.

Comme de toutes choses, il y a un secret du vin, mais c'est un secret qu'il ne garde pas. On peut le lui faire dire : il suffit de l'aimer, de le boire, de le placer à l'intérieur de soi-même.

Francis PONGE
Pièces

Comme nous l'avons déjà vu, un vin se déguste d'abord avec les yeux, puis avec le nez, et enfin avec la bouche. A chacune de ces étapes correspond donc un vocabulaire qui permet de communiquer impressions et opinions.

Première étape : *les yeux*

Avant de sentir et de goûter un vin, il faut le regarder, en s'attachant d'abord à sa couleur, puis à sa brillance.

1) La couleur

Un vin possède une couleur, ou *robe*, plus ou moins intense. C'est cette intensité qui trahit sa richesse. D'une manière générale, à couleur légère, vin léger, et à couleur plus profonde, vin plus lourd. L'intensité est plus facile à évaluer sur les vins rouges que sur les vins blancs.

La nuance, quant à elle, trahit l'âge du vin. Pour les blancs, elle peut aller du jaune, presque vert clair (pour les très jeunes), aux dorés et ambrés (surtout pour les vins liquoreux), en passant par les jaunes plus soutenus ou paille. Pour les rouges, la gamme des couleurs est plus étendue : du rouge pourpre aux reflets quasi violets (caractéristique des vins jeunes) au carrément brun, en passant par le rouge cerise, le rouge tomate (teinté de jaune), et le rouge teinté de brun ou *tuilé*.

Bien sûr, tous les vins ne passent pas par chacun de ces stades. Il est bien évident que les vins qui se boivent jeunes n'atteindront jamais les nuances tuilées (ils seraient alors abîmés et imbuvables).

2) La brillance

Outre sa couleur personnelle, un vin possède plus ou moins de brillance, de transparence et de limpidité. D'une manière générale, les vins brillants sont vifs (tout comme les esprits!), alors que les vins ternes sont mous et mornes. Bonne transparence est synonyme de bon affinement. Quant à la limpidité, elle garantit l'absence de particules en suspension.

3) Les mots pour le dire

Il existe de nombreux adjectifs pour qualifier le vin. En voici quelques-uns qui permettent de décrire avec précision ce que l'on pense, à première vue, du vin que l'on s'apprête à goûter.

BOURRU : *qui se trouve en cours ou en fin de fermentation alcoolique (voir p. 34) et présente un trouble intense.*

BRILLANT : *d'une transparence irréprochable.*

CLAIR : *débarrassé de toute matière en suspension. On dit aussi* dépouillé *pour les vins jeunes.*

CRISTALLIN : *très brillant.*

OPALESCENT : *voilé, avec des nuances laiteuses.*

TERNE : *clair, mais sans éclat, sans brillance.*

VOILÉ : *légèrement trouble.*

Deuxième étape : *le nez*

Après avoir examiné l'aspect extérieur du vin, on fait intervenir son odorat pour déceler les arômes et les parfums. Ici, les choses se corsent. En effet, si un vin peut avoir une odeur dominante, il n'est cependant jamais constitué d'un seul arôme. De plus, les senteurs évoluent au fur et à mesure que l'on aère le vin.

On peut classer les odeurs en plusieurs catégories :

VOUS ET LE VIN

1) Arômes de fleurs

Dans les vins rouges, on retrouve des parfums de fleurs colorées : rose, pivoine, violette.

Dans les vins blancs, on reconnaît plutôt des senteurs de fleurs des champs et d'essences diverses : acacia, giroflée, chèvrefeuille, genêt, troène, sureau...

2) Arômes de fruits

Dans les rosés et les rouges jeunes : framboise, cassis, groseille, fraise, cerise, pêche.

Dans les rouges plus vieux : figue séchée, pruneau...
Dans les blancs jeunes : pomme, citron, abricot, banane.
Dans les blancs plus vieux : noisette, amande grillée, noix.

À ces arômes de fruits, viennent souvent se mêler des odeurs comme la vanille, l'anis, la réglisse...

3) Les autres odeurs

— Arômes de champignons, y compris la truffe dans certains vieux vins.

À ces trois premières catégories de parfums, peuvent venir s'ajouter des senteurs d'herbes et de feuilles : menthe, essence de pin, fougère, foin coupé, tabac, feuille de cassis, ou odeurs herbacées comme celle du gazon que l'on vient de tondre.

— Arômes d'épices : laurier, cannelle, clou de girofle, muscade, thym, basilic, gingembre, toutes les variétés de poivre...

— Arômes de torréfaction : pain grillé, café, cacao, thé, goudron, caramel...

— Odeurs animales : l'ambre et le musc, le cuir ainsi que le renard, le gibier, le « ventre de lièvre »...

— Odeurs minérales : principalement la fameuse odeur de « pierre à fusil », celle des pierres que l'on frotte l'une contre l'autre.

— Arômes d'aliments : beurre, miel, cognac, bière.

Cette énumération ne se prétend pas exhaustive, loin de là ! D'autre part, il est évident qu'on ne retrouve pas toutes ces odeurs dans chaque vin que l'on déguste. Il va également de soi que des vins plutôt jeunes sont d'une complexité aromatique moindre que des vins vieux.

150

4) Les mots pour le dire

Lorsqu'on est parvenu à caractériser l'odeur d'un vin, on n'a qu'une hâte : en faire profiter ses interlocuteurs, puis leur demander leur avis. Pour cela, il convient de connaître les termes appropriés.

AROMATIQUE : *se dit d'un vin à l'odeur agréable et intense. S'emploie surtout pour les vins jeunes.*

BOUQUETÉ : *composé de plusieurs arômes s'alliant bien entre eux. S'emploie surtout pour les vins vieux.*

FIN : *doté d'un bouquet d'où se dégagent finesse et distinction.*

FLORAL : *en parlant d'un parfum, qui rappelle les fleurs, qu'on parvienne ou non à identifier ces dernières.*

VINEUX : *qui a une odeur marquée de vin (!). S'applique surtout aux vins riches en alcool.*

Troisième étape : *la bouche*

1) La sensation rétro-olfactive

Avant de passer au goût du vin proprement dit, il convient de préciser que, outre les sensations olfactives (que l'on éprouve lorsque le vin n'est pas encore dans la bouche), il existe des sensations *rétro-olfactive* qui apparaissent lorsque le vin pénètre dans la bouche.

2) La saveur du vin

Étudions à présent la *saveur* du vin. Il existe dans la nature, pour l'ensemble des aliments, quatre goûts différents : le salé, le sucré, l'amer et l'acide. Le premier, le goût salé, ne se retrouve jamais dans le vin (à moins d'un gros, gros problème). Il en est de même pour la saveur amère. La sensation d'acidité, elle, est présente, à des degrés divers, dans tous les vins, tout comme la saveur sucrée. Cette dernière se trouve à l'état pur dans les vins liquoreux ou moelleux, bien sûr, mais aussi dans tous les autres vins, où elle dépend de la dilution de l'alcool contenu dans le vin. Acidité et saveur sucrée se compensent mutuellement; c'est le rapport des deux qui détermine la *structure* du vin. Ceci est valable pour tous les vins blancs. Pour les rouges, le système est le même, mais il faut, de plus, compter avec le tanin (voir p. 35), qui apporte plus ou moins d'astringence (cette sensation d'avoir la bouche rapeuse et de ne plus avoir de salive). Le vin idéal est celui qui réunirait acidité, sensation sucrée et tanin dans les mêmes proportions. En somme, tout cela est une question d'équilibre.

PARFUMEE
EQUILIBREE
RONDE
ELEGANTE
DE LA CUISSE
ET DES JAMBES MAGNIFIQUES!

3) Les mots pour le dire

La langue française ne manque pas de termes précis pour caractériser le goût des vins. Encore faut-il savoir les utiliser à bon escient.

AGRESSIF : *qui contient trop d'acidité ou trop de tanin.*

AMAIGRI : *qui a perdu son caractère; on dit aussi décharné.*

AMPLE : *qui renferme des arômes et des saveurs riches et complets, et qui est donc très agréable.*

ASTRINGENT : *qui laisse dans la bouche une impression désagréable de sécheresse, la sensation de ne plus avoir de salive. Un vin astringent est un vin trop tannique.*

CAPITEUX : *riche en alcool.*

CHARNU : *qui donne l'impression de bien remplir la bouche.*

CHARPENTÉ : *qui possède une bonne constitution, solide et équilibrée.*

CHAUD : *en général, qui possède un degré d'alcool élevé.*

CORSÉ : *dont le caractère est marqué, qui est riche en alcool et dont la saveur emplit bien la bouche. On dit aussi* étoffé.

COURT : *dont on ne garde pas longtemps la sensation dans la bouche.*

ÉLÉGANT : *comme pour un homme, vin qui allie avec harmonie et grâce tous ses caractères.*

FAIBLE : *qui renferme peu d'alcool et est pauvre en goût.*

FÉMININ : *plein de grâce et de charme, par opposition à un vin plus dur, dont on dira qu'il est* viril.

GOULEYANT : *frais et léger, qui passe facilement dans le gosier.*

LÉGER : *peu alcoolisé et de caractère peu marqué.*

LONG	:	dont on garde longtemps la sensation dans la bouche après l'avoir avalé.
MÂCHE	:	un vin qui a de la mâche est un vin astringent.
MINCE	:	qui manque d'alcool et a une structure déséquilibrée.
MOU	:	qui manque d'acidité, et donc de nervosité.
NERVEUX	:	qui possède une saveur acide dominante, mais restant dans les limites de l'agréable.
PLAT	:	qui manque d'acidité.
POMMADÉ	:	dont le goût est masqué par un excès de sucre (pour les vins liquoreux ou moelleux).
ROND	:	qui allie souplesse et équilibre.
SOUPLE	:	qui est bien équilibré, avec une acidité et une astringence assez faibles.
TANNIQUE	:	qualifie un vin équilibré qui présente toutefois une légère dominante d'astringence.
VERT	:	qui possède une acidité dominante désagréable.
VIF	:	qui présente une bonne acidité laissant une impression agréable.

Vin bouchonné
Comme chacun sait, un vin bouchonné est un vin qui a pris le goût de bouchon. Certes, ce défaut provient parfois d'une mauvaise qualité de bouchon, mais il peut également arriver qu'un vin auquel on aura apporté les meilleurs soins contracte ce mauvais goût (qui, soit dit en passant, se repère tout de suite au nez).

« Ne sentez-vous pas, cher ami, cette pointe de cuir, là, juste derrière les fruits rouges ? »

L'auteur se concentrait...
« Cuir ? Hum ! Peut-être... »

Redoublant d'attention :
« Cuir ? Oui ! Je dirais même cuir de Russie ! »
Le premier homme, se concentrant à nouveau :
« Je pencherais plus volontiers pour un cuir de Mongolie, celui qui sert à faire les selles des chevaux de ces barbares. Mais bien sûr, senti de loin, car vous savez comme moi que de près, ces cuirs-là dégagent une odeur assez forte...

— Je ne partage pas du tout votre idée, cher confrère, je reste sur mon impression de cuir de Russie, mais nuancerais mon propos en vous disant qu'il s'agit d'un cuir de Russie qui serait resté plusieurs années dans un endroit humide. Attention, je ne veux point dire par là que je soupçonne le moindre nez de moisi, qui serait signe que ce vin aurait vieilli dans une mauvaise barrique. Non, non, non ! loin de moi cette idée, mais je voulais simplement faire une distinction entre cuir de Russie neuf et cuir de Russie légèrement usagé et entreposé dans un endroit humide. Agréez-vous cette nuance ?

« Cher ami, je m'éloigne de vous à grands pas et reste campé sur ma position de cuir de Mongolie, en vous affirmant au contraire que, loin de sentir l'humidité, je lui consentirais plutôt une sorte de sécheresse. J'irais même plus loin et nuancerais moi aussi mon propos en vous affirmant qu'il ne s'agit pas vraiment d'un cuir à fabriquer des selles de chevaux, mais je pencherais plus pour un cuir à fabriquer les harnais d'attelage, plus viril et plus costaud, au grain moins fin, mais à l'odeur plus sèche...

— Décidément, nous ne serons jamais d'accord. Déjà, tout à l'heure, nous n'avons pu nous entendre : vous soutenant que cette odeur de feuille de cassissier était l'odeur de la feuille d'un vieil arbuste, feuille qui aurait été froissée, et même

froissée à plusieurs reprises. Tandis que moi, j'y sentais plutôt le nez d'une feuille de cassis, je vous l'accorde, mais feuille qui aurait été délicatement cueillie sur un arbuste jeune... »
On n'a jamais su si le vin leur avait plu ou pas.

Flavie LAROC
Conversations

Ce petit lexique, qui est loin d'être exhaustif, constituera toutefois une bonne base pour vous permettre d'une part d'employer le mot juste, d'autre part de donner à votre conversation sur le vin un tour soit sérieux et technique, soit poétique, voire érotique. Tout est permis puisqu'il n'existe pas encore de dictionnaire réglementant avec précision le langage du vin.

Il faut nous occuper un peu plus de ce personnage Vin d'une façon nouvelle, voir plus loin que son anatomie, siroter un bon coup de magie organique, tâcher de savoir ce qu'il y a derrière sa matière et atteindre, s'il se peut (comme un homme et il en est un), son appareil passionnel.

GIONO
Les Vins du Rhône et de la Méditerranée

LA PROVENCE ET LA CORSE

LA PROVENCE

Coupe sainte et débordante verse à plein bords,
Verse à flots les enthousiasmes et l'énergie
des forts
Frédéric MISTRAL

POUR NE PAS BOIRE IDIOT

La Provence vinicole s'étend sur trois départements :
— les Bouches-du-Rhône,
— le Var,
— les Alpes-Maritimes.
On y trouve sept appellations et deux V.D.Q.S. (voir page 16) :
- Côtes-de-Provence,
- Bandol,
- Bellet,
- Palette,
- Cassis,
- Coteaux-d'Aix
- Coteaux-des-Baux-de-Provence.

Ces sept appellations s'appliquent toutes à des vins rouges, rosés et blancs.
- Coteaux-Varois, V.D.Q.S., s'applique à des vins rouges et rosés,
- Coteaux-d'Aix-en-Provence, V.D.Q.S., s'applique à des vins rouges, rosés et blancs.

L'appellation Côtes-de-Provence est extrêmement vaste : dix-huit mille hectares en dépendent, soit environ un tiers du département du Var, les rosés représentant environ 60% de la production.

Une journée sans vin est une journée sans soleil.
Proverbe provençal

Les cépages principaux (un peu moins d'une quinzaine sont autorisés) sont le carignan, le cinsault, le grenache, le mourvèdre, la syrah, le tibouren pour les rouges et les rosés, l'ugni blanc, le sémillon, la clairette et le rolle pour les blancs.

On produisait autrefois en Provence, notamment dans la région de Cassis, beaucoup de vins de Muscat ; ils ont disparu depuis la crise du phylloxéra (voir p. 57).

Six cents ans avant notre ère, quand les Phocéens touchèrent la côte méditerranéenne, c'est en offrant une coupe de vin à leur chef que Gyptis, fille du roi de la tribu des Ségobrigas, les accueillit. Il faut croire que le vin était bon, car le chef en question épousa Gyptis.

Contrairement à ce qu'on croit souvent, le vin rosé n'est pas récent en Provence. Du temps des Pharaons à nos jours, cette région n'a pratiquement produit que des vins blancs et rosés. Cependant, les statistiques officielles classant rouges et rosés dans la même catégorie, il était difficile d'en connaître les proportions exactes.

POUR BRILLER EN SOCIÉTÉ

• **Dans le style géographique :** les *restanques* sont les terrasses aménagées à flanc de coteaux où l'on cultive la vigne.

• **Dans le style historique :** Madame de Sévigné tenait les vins de Provence en très haute estime et les faisait apprécier à la Cour de France.

• **Dans le style statistique :** l'appellation Bellet compte à ce jour sept vignerons et l'appellation Cassis presque le double : treize !

• **Dans le style antique :** on trouve trace de la vigne en Provence depuis 600 ans avant Jésus-Christ. Deux mille six cents ans de tradition viticole, qui dit mieux ?

En provençal, une «**tine**» est une cuve et une
«**crotte**» une cave.

> *Quand le vin est tiré, il faut le boire.*
> *Même s'il est bon !*
> PAGNOL

LA CORSE

> *Temps sombre, où sans pudeur, on écrit comme on*
> *pense,*
> *Où l'on est philosophe et poète crûment,*
> *Où de ton vin sincère, adorable écumant,*
> *O sévère idéal, tous les songeurs sont ivres.*
> Victor HUGO
> Les Contemplations

POUR NE PAS BOIRE IDIOT

On trouve en Corse quatre appellations, dont une se décompose en cinq parties :

- Vin de Corse
- Vin de Corse + nom d'une appellation locale :
  — Vin de Corse-Calvi
  — Vin de Corse-Sartène
  — Vin de Corse-Figari
  — Vin de Corse-Porto-Vecchio
  — Vin de Corse-Cap-Corse
- Ajaccio
- Patrimonio.

Les vins de Corse « tout court » peuvent être produits partout, sauf sur les territoires des aires d'appellations Ajaccio et Patrimonio. Mais on les trouve surtout sur la côte, entre Bastia et Solenzara.

Toutes ces appellations s'appliquent à des vins rouges, rosés et blancs. Et les appellations Vin-de-Corse-Cap-Corse et Patrimonio produisent des vins doux naturels et des Muscats. Il existe en Corse une quarantaine de cépages différents. Les cépages locaux les plus représentatifs sont le nielluccio et le sciacarello pour les rouges, et le vermentino pour les blancs.

*Les Grecs appellaient la Corse **Kalliste**, « la très belle », puis **Kersica**, « la rocheuse ». Ils lui donnèrent ensuite le nom de **Korsia**, « l'île aux cheveux de forêts », et, pour finir, de **Korsica**.*

POUR BRILLER EN SOCIÉTÉ

• **Dans le style économico-fiscal :** en 1811, un décret exemptait la Corse des impôts indirects sur les vins produits dans l'île. Cet arrêté étant toujours en vigueur, il n'existe pas de droit de régie en Corse.

• **Dans le style géographique :** la Corse est une montagne dans la mer ; elle comporte une vingtaine de sommets culminant à plus de 2 000 mètres d'altitude.

• **Dans le style historique :** la Corse fut tour à tour sous la domination des Romains, de l'évêque de Pise et de la ville de Gênes. C'est cette dernière, au territoire rural trop exigu, qui favorisera la culture du blé, des oliviers, des châtaigniers, des figuiers et, bien sûr, de la vigne.

LES VINS DE FRANCE

Il est une heure où se rencontrent
Tous les grands vins dans un festin,
Heure fraternelle où se montrent
Le Lafite et le Chambertin.
Plus de querelles, à cette heure,
Entre ces vaillants compagnons;
Plus de discorde intérieure
Entre Gascons et Bourguignons.
(...)
A des gentilshommes semblables
Et non moins armoriés qu'eux,
Les grands vins, aux airs agréables,
Échangent des saluts pompeux.
Ils ont dépouillé leurs astuces,
Tout en conservant leur cachet,
— Passez, Monsieur de Lur-Saluces!
— Après vous, mon cher Montrachet.
Pommard, en souriant, regarde
Glisser le doux Branne-Mouton,(*)
Nul ne dit à Latour « Prends garde! »
Pas même le bouillant Corton.
Volnay raconte ses ruines
Au digne Saint-Émilion,
Qui l'entretient de ses ravines
Et des grottes de Pétion.
(...)
Voici monsieur de Léoville
Qui s'avance en habit brodé,
Et qui, d'une façon civile,
Par Chablis se voit abordé.

Musigny, que d'orgueil on taxe,
Dit à Saint-Estèphe : « Pardieu !
J'étais chez Maurice de Saxe
Quand vous étiez chez Richelieu ! »
(...)
Le jeune et rougissant Montrose,
Ayant quitté pour un instant
Le bras de son tuteur Larose,(*)
Jette un regard inquiétant,
Et cherche, vierge enfrissonnée,
Rouge comme un coquelicot,
Mademoiselle Romanée
Auprès de la Veuve-Clicquot.
Certaine d'être bien lotie,
Malgré son air un peu tremblant,
Dans un coin, la Côte-Rôtie
Sourit à l'Ermitage blanc ;
(...)
Et quel bel exemple nous donnent
Ces vins dans leur rare fierté
Qui s'acceptent et se pardonnent
Leur triomphante égalité !

Charles MONSELET
Les Vignes du Seigneur (1854)

(*) Il s'agit du Château Mouton-Rothschild.
(*) Il s'agit du Château Gruaud-Larose.

LA SAVOIE

*Le vin dissipe la tristesse du cœur mieux que l'or
ou le corail; il donne la vaillance au jeune homme,
de la force au vieillard qui n'en a pas, du cœur au
lâche, de l'ardeur à l'indolent.*
La Célestine (XVe siècle)

POUR NE PAS BOIRE IDIOT

Le vignoble s'étend sur les départements de la Savoie, de la Haute-Savoie et sur une partie de l'Ain.

On y trouve les appellations suivantes :
- Vin de Savoie + éventuellement la mention d'un cru (provenance géographique),
- Roussette-de-Savoie + même chose,
- Crépy, qui ne s'applique qu'à des vins blancs,
- Seyssel, qui s'applique à des vins blancs et à des mousseux.

Les cépages les plus typiques sont la roussette de Savoie, l'altesse, la jacquère, la mondeuse, le gamay, la roussanne...

*Je bois du vin à tous mes repas... Il n'en faut pas
beaucoup, mais il en faut pour bien se porter*
Maréchal FOCH

*Quand les appellations Vin de
Savoie et Roussette de Savoie sont
suivies de la mention d'un cru, elles
ne s'appliquent alors qu'à des vins
tranquilles (non mousseux)
et uniquement blancs pour
la Roussette.*

*D'un bon plant, plante ta vigne,
d'un bon sang marie ta fille.*
Proverbe savoyard

Les crus

La partie la plus importante du vignoble se trouve au sud de Chambéry. C'est là que se situent les crus les plus connus : Abymes et Apremont, ainsi que Sainte-Marie-d'Alloix. Les autres sont Marestel, Monthoux et Charpignat à l'est du lac du Bourget, Chautagne au nord dudit lac. Sur la route des sports d'hiver : Chignin, Montmélian, Bergeron, Monterminod, Saint-Jeoire-Prieuré et, le plus prestigieux, Chignin-Bergeron. Encore Arbin, Cruet et Saint-Jean-de-la-Porte sur la rive droite de l'Isère, Ayze et Frangy ensuite et, pour finir, Ripaille et Marignan sur les bords du Lac Léman. Ouf! (Reportez-vous à la carte si vous n'avez pas suivi!)

Sous les rois qui précédaient Charlemagne, le poste de Grand Échanson existait déjà. Cet officier de bouche, avec le Grand Queux et le Grand Panetier, avait au minimum le rang de comte.

La petite ville de Seyssel est divisée en deux par le Rhône. Une partie de la cité appartient au département de l'Ain et l'autre à celui de la Haute-Savoie.

A noter qu'il existe également les pétillants de Savoie, mousseux de Savoie et vins de Savoie-Ayze (pétillants).

Dans l'Ain, on trouve aussi les vins du Bugey, pays de Brillat-Savarin. Ce sont des V.D.Q.S. (voir p. 16). Ils existent dans toutes les couleurs et sous toutes les formes permises. Ils ont le droit de s'adjoindre un nom de cru.

Un verre de vin tire souvent mieux que deux bœufs.
Proverbe savoyard

POUR BRILLER EN SOCIÉTÉ

• **Dans le style géologico-catastrophique :** en 1248, eut lieu un formidable éboulement, celui du mont Granier. C'est à la suite de cette épouvantable catastrophe, qui fit 5 000 victimes, que le vignoble commença à se développer.

• **Dans le style botanique :** le cépage altesse aurait été importé en Savoie à l'époque des Croisades. Il proviendrait de l'île de Chypre.

• **Dans le style géographique :** le lac du Bourget, abondamment chanté par Lamartine et situé au cœur du vignoble savoyard, est le plus grand lac de France.

• **Dans le style historique :** c'est à l'abbaye de Hautecombe, au bord du lac du Bourget, que sont enterrés les princes de Savoie.

Le vin ne confère pas seulement santé et vigueur, Il porte aussi en lui des propriétés lénifiantes qui, en même temps qu'elles assurent l'équilibre rationnel de l'organisme, prédisposent à l'harmonie des esprits. Par surcroît, il sait aux heures difficiles, verser dans nos cœurs hésitants, la confiance et l'espoir.

Albert LEBRUN
Président de la République française
17 juin 1934

LE VIN DE PARIS

> *Les vins de France ont contribué à la force et à la*
> *splendeur de notre race.*
> Henri ROBERT
> de l'Académie française.

Des vignes à Paris ? Et pourquoi pas ? Le climat de la capitale n'est pas si éloigné de celui de la Champagne. Tout a commencé, une fois de plus, avec les moines. Protégée par les rois, l'abbaye de Saint-Denis ne manquait pas de terrains à vignes : Saint-Germain-en-Laye, Port-Marly, Rueil, Argenteuil, Montmorency, Nanterre.

Quant à l'abbaye parisienne de Saint-Germain-des-Prés, elle possédait, en l'an 900, un important vignoble à Suresnes. De sorte que vers l'an 1000, on parlait de la banlieue... non, pardon, de la « ceinture rouge » de Paris.

Henri Ier, pour sa part, avait ses vignes sur la montagne Sainte-Geneviève et il était de bon ton, parmi les seigneurs et bourgeois, de posséder son clos ou sa treille dans les quartiers de Picpus, Belleville, Charonne, Chaillot, Vaugirard, ou même dans des banlieues comme Montmartre, Clignancourt, Meudon, Clamart, Vanves, Issy, Châtillon. Longtemps très bon et longtemps privilégié, le vin parisien vit les choses se gâter avec l'augmentation de la consommation populaire, qui poussait au rendement, puis, plus tard, avec l'urbanisation.

A l'heure actuelle, on vendange encore du côté de Poissy, de Nogent, d'Argenteuil, à Suresnes et sur la butte Montmartre. On peut aussi voir quelques pieds de vigne en plein 15e arrondissement, devant le n° 96 de la rue de l'Abbé-Groult.

> *J'ai mis dans mon panier un vin fait pour les*
> *reines,*
> *Avec les raisins noirs des coteaux de Suresnes.*
> François COPPÉE

LE SUD-OUEST

Verse-nous de ton vin rouge
Jusqu'à ce qu'on touche la lie
On ne peut pas monter la garde
En demeurant sur sa pépie.
ARCHILOQUE (VIIᵉ siècle avant J.-C.)

POUR NE PAS BOIRE IDIOT

On entend par vignobles du Sud-Ouest tous les vignobles situés dans cette région, à l'exception de ceux du Bordelais. Leur superficie totale est à peu près égale à celle du Beaujolais.

Dix départements sont concernés : Aveyron, Dordogne, Gers, Haute-Garonne, Lot, Lot-et-Garonne, Tarn, Tarn-et-Garonne, Pyrénées-Atlantiques et Landes.

On distingue diverses régions vinicoles dans le Sud-Ouest. Cependant, les choses sont si complexes qu'il vaut mieux commencer par repérer les six grands groupes, puis y replacer les appellations correspondantes. N'hésitez pas à vous reporter à la carte, qui vous aidera à bien saisir de quoi il retourne.

Voici donc les six grands groupes de vignobles du Sud-Ouest :
— les vignobles de Guyenne,
— le Quercy,
— les vins du Rouergue,
— les vignobles tarnais,
— les vignobles de Gascogne,
— les vignobles pyrénéens.

Les vignobles du Sud-Ouest sont très anciens. Certains d'entre eux ont vécu de grands moments de l'histoire de France. Pourtant, curieusement, ils restent méconnus. La notoriété des vins de Bordeaux, très proches, ne peut que leur nuire. De plus, ces derniers bénéficient de la proximité de la mer, alors que les vins du Sud-Ouest souffrent de leur isolement géographique. Eh oui! Bien souvent, il n'en faut pas davantage pour faire la différence.

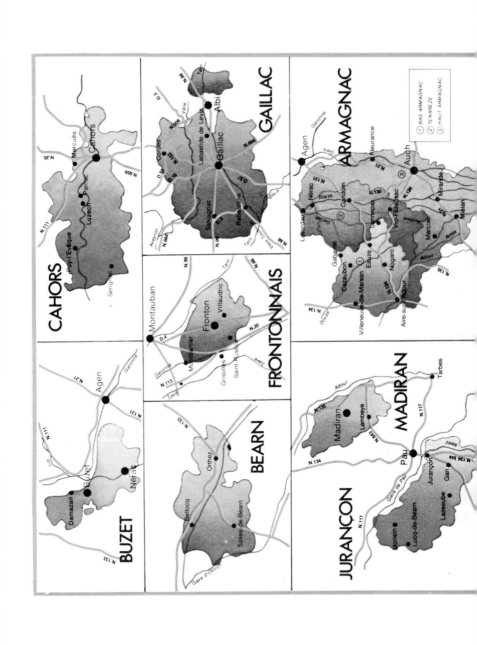

Le vin est un bon valet, mais un fichu maître.

Proverbe

Les six groupes de vignobles
1) Les vignobles de Guyenne

Les vignobles de Guyenne jouxtent ceux du Bordelais. Sous cette dénomination se dissimulent, formant une sorte de croissant :

— les vins du Périgord (six appellations) :
- Bergerac, vins rouges, rosés et blancs,
- Saussignac, vins blancs moelleux,
- Pécharmant, vins rouges,
- Rosette, vins rouges,
- Montravel, vins blancs secs et liquoreux,
- Monbazillac, vins blancs liquoreux.

Il fallut que François Ier autorise, en 1520, la libre circulation des vins de Bergerac sur le territoire de la Dordogne pour que prenne fin la guerre du vin que se livrèrent Bergerac et Bordeaux pendant des siècles.

— les vins du Lot-et-Garonne (une appellation et un V.D.Q.S.) :
- les Côtes-de-Duras, vins rouges, rosés, blancs secs et blancs moelleux,
- les Côtes-du-Marmandais, vins rouges, rosés et blancs.

Un **V.D.Q.S.** (Vin Délimité de Qualité Supérieure) est un vin obéissant à des règles de production moins sévères qu'une appellation d'origine contrôlée (**A.O.C.**). De plus, il ne jouit pas de la même notoriété.

2) Le Quercy

Le Quercy se trouve au sud-est du vignoble de Guyenne et abrite une appellation, le Cahors, qui s'applique à des vins rouges.

*François Ier aimait tant le **vin de Cahors** qu'il fit planter des vignes avec des cépages de ce vin à Fontainebleau.*

3) Le Rouergue

Situés encore plus à l'est, les vins du Rouergue correspondent à trois V.D.Q.S. :

- les vins d'Entraygues et du Fel, rouges, rosés et blancs,
- les vins d'Estaing, rouges, rosés et blancs,
- les vins de Marcillac, rouges et rosés.

4) Les vignobles tarnais :

On parvient aux vignobles tarnais en redescendant vers le sud. Là, on trouve deux appellations et un V.D.Q.S. :

- Gaillac, vins rouges, rosés, blancs secs, blancs moelleux et mousseux,
  - les Côtes-du-Frontonnais, vins rouges et rosés,
  - Lavilledieu, vins rouges et rosés.

5) Les vignobles de Gascogne

S'étendant à l'ouest des vignobles tarnais, les vignobles de Gascogne regroupent une appellation et un V.D.Q.S. :

- les Côtes-de-Buzet, rouges en grande majorité,
- les Côtes-de-Saint-Mont, rouges, rosés et blancs.

*Au XVIIIe siècle, **les vins de Côtes-de-Buzet** étaient déjà exportés vers la Hollande, la Prusse, les îles et la Nouvelle-Orléans.*

Qui vin ne boit après salade est en danger d'être malade.
Proverbe

La bouteille dite « **gaillacoise** », ronde pour le vin rouge et effilée pour le blanc et le rosé, garantit que le vin a bien été mis en bouteille dans la région de production.

6) Les vignobles pyrénéens

A l'extrême pointe sud-ouest de la France, dans les vignobles pyrénéens, sont enfouies cinq appellations et un V.D.Q.S. :

- Madiran, vins rouges. Les blancs produits sur cette aire portent le nom de Pacherenc-du-Vic-Bihl,
- Jurançon, vins blancs secs et moelleux,
- Béarn, vins rosés principalement, et un peu de rouges,
- Irouléguy, vins rouges, blancs et rosés,
- Tursan (V.D.Q.S.), vins blancs et rouges.

*Henri IV fut baptisé au **Jurançon**.*
Dès lors, le Jurançon devint le vin des cérémonies
de la maison de France.

Viens-tu du ciel profond ou sors-tu de l'abîme,
O Beauté? Ton regard, infernal et divin,
Verse confusément le bienfait et le crime
Et l'on peut pour cela te comparer au vin.
BAUDELAIRE
Hymne à la Beauté

Tous ces vignobles forment un véritable musée des cépages d'autrefois, portant des noms que l'on ne trouve nulle part ailleurs : arrufiac, courbu, fer, mauzac, ondenc, ugni-blanc, gros manseng, tannat, bouchy, accharia, négrette...

Veux-tu que ta vie repose sur une voie solide?
Veux-tu vivre affranchi de tout chagrin?
Ne demeure pas un instant sans boire du vin.
Omar KHAYAM
(XIIe siècle)

POUR BRILLER EN SOCIÉTÉ

• **Dans le style historique :** le souverain russe Pierre le Grand (1672-1725) soignait son estomac au Cahors. Ce vin avait une telle réputation en Russie que les papes en firent leur vin de messe. Cahors donna d'ailleurs son nom à un vignoble de Crimée qui existe encore aujourd'hui, le « Caorskoïe Vino ».

• **Dans le style géographique :** situer sans erreur quelques-unes des appellations du Sud-Ouest.

• **Dans le style économique :** les vignobles du Sud-Ouest doivent aujourd'hui leur renouveau économique aux immenses efforts déployés par les caves coopératives et quelques propriétaires passionnés pour en améliorer la qualité.

• **Dans le style œnologique :** ne pas oublier que, dans le Gers, on produit aussi l'armagnac.

LES FEMMES ET LE VIN

On dit que « le vin réjouit le cœur de l'homme ». La femme française, pour sa part, fut longtemps tenue à l'écart des bienfaits que procure la griserie. Les Français qui voyageaient étaient d'ailleurs toujours étonnés, à l'étranger, de voir les femmes boire des boissons alcoolisées.

Au XVIe siècle, Lippomano, ambassadeur vénitien, écrivait : « Je crois qu'après les Italiennes et les Espagnoles, les femmes françaises sont les plus sobres de toutes. Les filles ne boivent jamais de vin. Les femmes mariées s'en servent à peine pour rougir un peu l'eau. » Il précise toutefois, un peu plus loin : « Je ne parle pas des femmes du peuple qui, dans tous les pays du monde, vivent d'une manière déréglée... » Ainsi, il semble que, quelle que soit leur origine, les femmes ont soit un retard à rattraper, soit une réputation à rétablir !

LE VAL-DE-LOIRE

Lever le matin n'est point bonheur
Boire est le meilleur.
RABELAIS

POUR NE PAS BOIRE IDIOT

On regroupe sous le terme de Val-de-Loire trois grandes régions qui ont chacune leur organisation propre :
— la Touraine,
— l'Anjou-Saumur,
— le Pays-Nantais.

Les quinze départements que traverse la Loire, fleuve le plus long de France, sont tous, de près ou de loin, concernés par le vin.

A ces trois grandes régions, on peut aussi ajouter :
— Sancerre et Pouilly-Fumé, bien que l'on soit en droit d'hésiter : ils pourraient aussi bien être rattachés à la Bourgogne (ils sont si près d'Auxerre !),

Sancerre (vins rouges, rosés et blancs) et Pouilly-Fumé (vins blancs uniquement) sont deux vignobles très anciens.

— les vins du Haut-Poitou, situés au sud de la frontière qui sépare la Touraine de l'Anjou.

Le vignoble des vins du Haut-Poitou était autrefois considérable. Aujourd'hui, 90 % de la production est regroupée au sein d'une cave coopérative.

Si on a les idées larges, on peut également rajouter :
— les vins dits « du Centre ».
Font partie des vins du Centre :
- les Côtes-du-Forez, V.D.Q.S., vins rouges et rosés,
- les Côtes-Roannaises, V.D.Q.S., vins rouges et rosés,
- les Côtes-d'Auvergne, V.D.Q.S., vins rouges et rosés,
- les Saint-Pourçain, V.D.Q.S., vins rouges, rosés et blancs,
- les Menetou-Salon, A.O.C., vins rouges, rosés et blancs,
- les Quincy, A.O.C., vins blancs,
- les Reuilly, A.O.C., vins rouges, rosés et blancs,
- les Château-Meillart, V.D.Q.S., vins rouges et rosés,
- les Coteaux-du-Giennois, V.D.Q.S., ou les Côtes-de-Gien, rouges, rosés et blancs,
- les vins de l'Orléanais, V.D.Q.S., vins rouges, rosés et blancs.

Une fois de plus, le rôle de l'Église et des abbayes fut très important.
*A la fin du IVᵉ siècle, **saint Martin de Tours** fut l'initiateur de la plantation d'une vigne à l'abbaye de Marmoutiers.*

Les régions
1) La Touraine

> *Qui aime bien le vin est de bonne nature*
> *Les morts ne boivent plus dedans leur sépulture.*
> Jean LE HOUX

La Touraine s'étend sur le département de l'Indre-et-Loire et sur une partie du Loir-et-Cher. Au centre, se trouve la ville de Tours.
Elle compte neuf appellations principales :
- Touraine,
- Touraine-Azay-le-Rideau,
- Touraine-Amboise,

*C'est dans l'appellation Touraine-Amboise que se trouve le manoir du **Clos-Lucé**, où vécut Léonard de Vinci.*

- Touraine-Mesland.

Ces quatre appellations s'appliquent à des vins rouges, rosés et blancs, à l'exception du Touraine-Azay-le-Rideau, qui ne s'utilise que pour les blancs et rosés.

L'appellation Touraine « tout court » peut bien sûr être utilisée pour les trois autres appellations « Touraine + une ville ».
- Vouvray,
- Montlouis.

Les deux appellations ci-dessus forment une enclave de vins blancs secs ou moelleux et de pétillants au milieu des Touraine.
Viennent ensuite, plus à l'ouest :
- Bourgueil, vins rouges et rosés,
- Saint-Nicolas-de-Bourgueil, vins rouges et rosés,
- Chinon, vins rouges et blancs.

Comme ci-dessus, les Saint-Nicolas-de-Bourgueil peuvent être appelés « Bourgueil », mais l'inverse n'est pas possible.

L a Touraine a aussi son primeur : ce n'est pas un privilège réservé aux vins du Beaujolais. Sous l'appellation « Touraine Primeur », on peut, dès le troisième jeudi de novembre, boire les vins nouveaux. Il ne faut pas ignorer que le cépage gamay noir à jus blanc, dont sont issus les Touraine Primeurs, a été introduit dans la région en 1850 par la comtesse de Montebise. Chic, non ?

Au nord de la région Touraine, un petit îlot regroupe deux appellations :
— Jasnières (vins blancs),
— Coteaux-du-Loir (rosés, blancs et rouges).

Pour être complet, il faut ajouter quatre V.D.Q.S. :
• Coteaux-du-Vendonois, collés aux Jasnières,
• Cheverny,
• Valençay, collés aux Touraine,
• Haut-Poitou.

Pourquoi tous les ânes se nomment-ils Martin ?

La légende raconte que saint Martin, fondateur de l'abbaye de Marmoutiers au IVᵉ siècle, s'en allait à dos d'âne visiter ses moines qui travaillaient dans les vignes.
Il advint qu'un jour, le saint homme ayant laissé son âne en bout de rangs, s'attarda loin de là plus que de coutume. Tenaillé par la faim, l'âne ne trouva rien d'autre à brouter que les feuilles des ceps, tant les vignes étaient bien tenues. A son retour, saint Martin, désolé, pensa que les ceps ne porteraient pas de grappes. Quelle ne fut pas sa surprise lorsqu'au moment des vendanges, il apprit que les pieds de vignes grignotés par l'âne avaient donné des grappes plus belles et plus juteuses que les autres. A partir de ce jour, on prit l'habitude de tailler les vignes tous les ans. Pour remercier son âne de cette précieuse leçon, saint Martin lui donna son propre nom. C'est pourquoi tous les ânes se nomment Martin.

L'implantation de tous les châteaux,
et donc des nombreuses caves qu'il
fallut remplir, ne fut pas étrangère
au développement de la vigne.

2) L'Anjou-Saumur

Le vin est nécessaire,
Dieu ne le défend pas;
Il aurait fait la vigne amère
S'il eut voulu qu'on n'en bût pas!
Poète anonyme
(Poème chanté par les oratoriens de Vendôme)

Toujours dans le sens Paris-province, en sortant de Touraine, on se retrouve en Anjou-Saumur. Ici, quinze appellations, que l'on peut regrouper ainsi :
Organisées autour de la ville de Saumur :
• les Saumur-Champigny, vins rouges,
• les Saumur, vins rouges et blancs,
• les Coteaux-de-Saumur, vins blancs,
• les Cabernet-de-Saumur, vins rosés,
• et enfin les Saumur mousseux, qui se font appeler « Saumur d'origine ».

Au XIIIe siècle, la région d'Anjou-Saumur commerçait énormément avec la Hollande et la Belgique. Les étrangers venaient eux-même choisir les vins qu'ils achetaient.

Organisées autour de la ville d'Angers :
• les Anjou, vins rouges, rosés et blancs,
• les Anjou-Coteaux-de-la-Loire, vins blancs,
• les Cabernet-d'Anjou, vins rosés,
• les Savennières, vins blancs secs pouvant aller jusqu'au tendre.

Savennières-Roche-aux-Moines
Savennières-Coulée-de-Serrant
La Roche-aux-Moines et la Coulée-de-Serrant sont deux crus (deux localisations géographiques) à l'intérieur de l'appellation Savennières. La Coulée-de-Serrant appartient à une seule famille, alors que le territoire de la Roche-aux-Moines est divisé entre plusieurs propriétaires.

• les Bonnezeaux, vins moelleux,
• les Côteaux-du-Layon, vins moelleux,

Les Côteaux-du-Layon-Villages
C'est le même système que pour les Beaujolais-Villages : à l'intérieur de l'appellation Coteaux-du-Layon, sept communes ont le droit de spécifier leur nom. En principe, les vins provenant des villages sont supérieurs en qualité. Il s'agit de : Beaulieu-sur-Layon, Chaume, Faye-d'Anjou, Rablay-sur-Layon, Rochefort-sur-Loire, Saint-Aubin-de-Luigné, Saint-Lambert-du-Lattray.

• les Quart-de-Chaume, vins moelleux,

Quart de Chaume
Ce nom a pour origine une coutume médiévale. A cette époque, les 12 seigneurs des lieux se réservaient un quart de la récolte en paiement de la dîme.

• les Coteaux-de-l'Aubance, vins moelleux.

Il convient d'ajouter, pour arriver à quinze appellations, les Crémant-de-Loire et les Rosés-de-Loire, qui peuvent être produits sur l'ensemble des territoires bénéficiant des appellations Anjou, Saumur et Touraine.

La Loire était autrefois une voie de navigation très animée, principalement en raison du commerce des vins. Son trafic était égal à celui de la Seine et supérieur à celui du Rhin. Cependant, si la Loire a aidé au développement et à la renommée des vins du Val-de-Loire, elle a aussi, à certaines époques, mis un frein à leur commerce : les bateaux chargés de vin étaient en effet soumis à une fiscalité écrasante tout au long de leur trajet. Un exemple parmi d'autres : il existait une douane à Ingrandes-sur-Loire, frontière du duché de Bretagne. Cette douane fut maintenue jusqu'en 1789, malgré le rattachement de la Bretagne à la France.

3) Le Pays Nantais

Vous avez mille fois raison de louer les vins de France. Nous leur devons une part de notre esprit, de notre humeur et de cette gaieté qui est une des formes du courage devant la vie et devant la mort.
Henri BORDEAUX,
de l'Académie française

On trouve, dans le Pays Nantais :
— trois appellations (vins blancs uniquement) :
• le Muscadet,
• le Muscadet-des-Coteaux-de-la-Loire,
• le Muscadet-de-Sèvre-et-Maine,

— et deux V.D.Q.S. :
• le Gros-Plant, vins blancs uniquement,
• les Coteaux-d'Ancenis, vins blancs, rouges et rosés.

Le Muscadet sur lie

La mise en bouteille « sur lie » est une technique traditionnelle du Pays Nantais : les vins doivent n'avoir passé qu'un hiver en cuves ou en fûts, et se trouver encore sur leur lie de vinification (dépôt des moûts) au moment de la mise en bouteille. Cette méthode a pour avantage d'accentuer la fraîcheur, le fruité, la finesse et le bouquet des vins.

En 1709, la région de Nantes connut un hiver épouvantable ; la mer gelait le long des côtes. Le vignoble fut, bien sûr, totalement dévasté et replanté avec le cépage melon de Bourgogne (melon à cause de la forme arrondie de ses feuilles). Par déformation, le nom de ce cépage est devenu muscadet. Le cépage du gros-plant est appelé la « folle-blanche ».

Prix Muscadet du bistrot sympathique

Chaque année, les professionnels du Muscadet élisent avec un jury de connaisseurs un « bistrot sympathique ». Les critères de sélection correspondent à l'esprit Muscadet : le véritable « esprit bistrot ».

L'Appellation d'Origine Contrôlée Muscadet a le droit de s'adjoindre les mentions Sèvre-et-Maine ou Coteaux-de-la-Loire, qui ne sont ni plus ni moins que des précisions géographiques :
— Le Muscadet de Sèvre-et-Maine :
Il représente à lui seul 85 % de la production. Cultivé au sud-est de Nantes, il tire sa dénomination « Sèvre-et-Maine » du nom des deux rivières qui traversent le vignoble : la Sèvre et la Maine.
— Le Muscadet des Coteaux-de-la-Loire :
Il représente 5 % de la production totale. Il est cultivé sur les deux rives de la Loire, entre Nantes et Ancenis.

— Le Muscadet Appellation Contrôlée :
Il s'agit du vin récolté sur l'ensemble de l'aire de production, mais qui ne bénéficie d'aucune des deux appellations précédentes. Il représente environ 10% de la production totale.

POUR BRILLER EN SOCIÉTÉ

> *Quand je bois du vin,*
> *Ma peine est chassée,*
> *Mes noires pensées*
> *Vont aux vents marins.*
> (Recueil anacréontique,
> VIᵉ siècle avant J.-C.)

• **Dans le style érotico-historique :** à Montlouis, se trouve le château de la Boudaisière qui, si l'on en croit l'histoire, « ... était la race la plus fertile en femmes galantes qui ait jamais été en France (...) ; on en compte jusqu'à vingt-cinq ou vingt-six qui toutes ont fait l'amour hautement... ». L'une des plus célèbres était Gabrielle d'Estrées. Henri IV venait lui faire sa cour et buvait avec elle du Montlouis, délaissant pour quelques heures sa royale épouse et les vins de Jurançon de son enfance.

• **Dans le style littéraire :** Balzac aimait beaucoup Vouvray. C'est dans ce village que se situe l'action de son roman *L'Illustre Gaudissart*. En 1934, un buste de ce personnage imaginaire a été érigé à Vouvray. Alors si vous passez par là, ne demandez pas si Gaudissart a encore de la famille à Vouvray !

• **Dans le style économique :** l'une des grandes caractéristiques de la région de Saumur est la craie « tuffeau » dont sont faites les maisons, et par conséquent, dans lesquelles de longues galeries ont été creusées. Non contentes de servir de caves pour les vins, ces galeries abritent également des cultures de champignons... de Paris (environ 30 % de la production nationale).

• **Dans le style météorologique :** le climat du Pays Nantais est moins favorable à la vigne que ceux d'Anjou et de Touraine ; c'est ce qui explique la production quasi exclusive de vins blancs, issus de cépages à maturité avancée : il faut que les raisins soient prêts pour la vendange avant la période humide des marées d'équinoxe. .

Depuis la plus haute Antiquité, bien avant l'ère scientifique, alors que l'on ne connaissait pas encore la composition chimique du vin, ni le mécanisme de la fermentation alcoolique, ni les modes d'action des constituants du vin sur l'économie, on avait admis, en se basant sur l'expérience de tous les jours, que le vin naturel est un énergétique de grande qualité.

Professeur Georges PORTMANN
Sénateur de la Gironde
(Président des Médecins amis du vin de France)

LES BONS TUYAUX

La presse

• CUISINE ET VINS DE FRANCE
11 bis, rue Boissy-d'Anglas - 75008 PARIS
Une très bonne revue (belle, en plus, ce qui ne gâte rien) avec de bons articles sur le vin... et la cuisine. 11 numéros par an, en vente dans tous les kiosques. Pour s'abonner, s'adresser au journal.

• L'AMATEUR DE BORDEAUX
La plus belle et la plus charmeuse des revues sur le vin. Dommage qu'il n'existe pas un « Amateur de Bourgogne », un « Amateur du Val de Loire », etc. Des articles passionnants sur le vin et son univers, des photos extraordinaires, des nouvelles d'auteurs célèbres, inspirées par des propriétés non moins célèbres... SUBLIME !
4 numéros par an.
Pour s'abonner : Publifar - Château de Billy - Chouppes - 86110 MIREBEAU (180 F par an).

• REVUE DU VIN DE FRANCE
65, rue Montmartre - 75003 PARIS
De diffusion plus confidentielle et d'aspect plus
« technique ». Beaucoup de dossiers complets sur les
régions avec dégustations par millésime. 11 numéros
par an, en vente dans les kiosques.
Le journal édite aussi des cartes de vignobles très
détaillées et très bien faites. S'adresser au journal pour
les obtenir.

Les livres

L'adresse à connaître

• LIBRAIRIE « LE VERRE ET L'ASSIETTE »
1, rue du Val-de-Grâce - 75005 PARIS
Tél. : 46 33 45 96 - Roger CLAIRET
Toute la littérature sur le vin, et un homme qui
connaît parfaitement son affaire. La librairie édite la
lettre « Le Verre et l'Assiette », qui permet de se tenir
au courant des parutions, de participer aux
souscriptions, etc. Expéditions dans toute la France et
à l'étranger. Une mine d'or !
Mais s'il n'y en avait que deux, ce seraient ceux-là :

• SUR LES CHEMINS DES VIGNOBLES DE
FRANCE
Ouvrage collectif aux Éditions du Reader's Digest
En vente à la librairie « le Verre et l'Assiette ».
Livre très sérieux et très didactique sur toutes les
régions de France; un peu rébarbatif, mais impeccable
car il réunit tout. Il date déjà de quelques années, et
certaines informations sont donc obsolètes. Mais c'est
quantité négligeable par rapport au volume de ce que
l'on peut y apprendre.

• LE VIN HA!
Éditions des Humoristes Associés
En vente à la Librairie « le Verre et l'Assiette ».
16 dessinateurs ont déliré sur le thème du vin, dont
BLACHON. C'est merveilleux, et plein
d'enseignement. Un seul commentaire : génial !

Les boutiques

Pour acheter du vin :

• les boutiques NICOLAS
Il y en a partout, et elles proposent une gamme de
vins tout à fait étonnante, assortie de gérants qui
reçoivent des cours de formation et sont en général de
très, très bon conseil. Il ne faut donc pas hésiter à
annoncer son budget, le nombre de personnes que l'on
reçoit et le dîner ou le déjeuner préparé. On ne vous
regardera pas de travers si votre budget n'est pas
énorme et l'on ne tentera pas de vous refourguer
systématiquement le vin le plus cher. Nicolas, la
maison mère, est la plus belle cave d'Europe, voire du
monde. Vous trouverez, dans les boutiques, un journal
très bien fait : « MONSEIGNEUR LE VIN », édité par
Nicolas.
Pour acheter des choses « autour du vin » :

• L'ESPRIT ET LE VIN
65, boulevard Malesherbes - 75008 PARIS - 45 32 05 72
C'est là que vous trouverez tout l'« outillage »
moderne possible et imaginable concernant le vin :
tire-bouchons de toutes sortes, du plus simple au plus
sophistiqué, carafes à décanter de toutes tailles et de
toutes formes, verres à dégustation brevetés, paniers à
bouteilles, etc.

LES ORGANISMES DU VIN

Il en existe pléthore, tous chargés, à des degrés divers, non seulement d'assurer la promotion et la défense des vins, mais aussi de veiller à la qualité pour protéger les consommateurs (et on dira que le vin n'est pas une profession surveillée!).

L'I.N.A.O.

Institut National des Appellations d'Origine : né d'un décret-loi du 30 juillet 1935, il réunit des représentants des administrations (agriculture, contributions indirectes, justice, répression des fraudes) et des professionnels du vin (viticulteurs et négociants). La première tâche de l'I.N.A.O. a été de codifier les éléments donnant droit à une appellation, de la délimitation des terroirs aux méthodes de vinification en passant par l'encépagement. Sa mission a été et demeure de protéger et surveiller les vins ayant obtenu l'appellation. Le fonctionnement de cet organisme repose sur une étroite collaboration entre les différentes familles professionnelles, les experts et les pouvoirs publics. 150 personnes sont ainsi réparties dans le vignoble français.
L'I.N.A.O. est, en quelque sorte, l'instance suprême en matière de réglementation sur le vin.

I.N.A.O.
138, avenue des Champs-Élysées
75008 PARIS
45 62 54 75

LES COMITÉS INTERPROFESSIONNELS

Il en existe dans chacune des régions viticoles (liste ci-après). Ce sont des organismes reconnus par l'État. Ils représentent les producteurs, les caves coopératives et les négociants. Ils sont chargés de défendre les intérêts d'une ou de plusieurs appellations. Ils assurent la promotion des vins et leur publicité tant en France qu'à l'étranger, réalisent des études de marché et gèrent les accords interprofessionnels. Leur mission est aussi de faire progresser les connaissances sur le vin sur le plan technique et œnologique. Par conséquent, les comités travaillent et diffusent des informations dans l'intérêt général. Leurs ressources proviennent, pour la majorité, des cotisations que leur versent les producteurs relevant de la ou des appellations concernées, au prorata des volumes récoltés. Suivant les appellations, les comités disposent donc de plus ou moins de moyens.

C'est à eux que l'on s'adressera pour obtenir tous les renseignements nécessaires à la découverte d'une région viticole.

LES SYNDICATS VITICOLES

Ils sont directement liés à la notion d'Appellation d'Origine Contrôlée, puisqu'ils regroupent en leur sein tous les viticulteurs dont le vin est produit sur une même aire d'appellation. Ce sont les syndicats viticoles qui se chargent de défendre et de protéger la propriété collective que représente une appellation. De leurs orientations et de leurs choix dépend l'image de marque de l'appellation. Ces syndicats travaillent en collaboration avec l'I.N.A.O. pour tout ce qui concerne les décisions à prendre sur leur appellation. Ils participent également à la défense de leurs appellations respectives en se constituant partie civile dans les procès où elles pourraient être mises en cause. Auprès d'eux, on peut obtenir toutes les informations nécessaires à la découverte d'une appellation. Les syndicats éditent souvent des plaquettes où figure la liste des producteurs vendant leur production en direct.

Leurs coordonnées peuvent être obtenues auprès des comités interprofessionnels.

A l'intérieur de chacune des régions, il peut exister des organismes supplémentaires, tels que des *Fédérations de syndicats* ou des *Confédérations de syndicats*, des Unions, dont le but est essentiellement de donner des informations et d'assurer la défense des vins ayant une même spécificité et tenant à une même image de marque.

ALSACE :

**Comité
Interprofessionnel des
Vins d'Alsace (C.I.V.A.)**
12, avenue de la Foire
aux Vins
B.P. 145
68003 COLMAR
CEDEX
89 41 06 21

BORDEAUX :

Conseil
Interprofessionnel des
Vins de Bordeaux
(C.I.V.B.)
1, cours du XXX-Juillet
33000 BORDEAUX
56 52 82 82

BOURGOGNE :

Comité
Interprofessionnel des
Vins de Bourgogne
(C.I.B.)
Rue Henri-Dunant
B.P. 166
21204 BEAUNE
CEDEX
80 22 21 35

Comité
Interprofessionnel des
Vins de Bourgogne-
Mâcon (C.I.B.M.)
Maison du Tourisme
Avenue du Maréchal-de-
Lattre-de-Tassigny
71000 MÂCON
85 38 20 15

Union
Interprofessionnelle des
Vins du Beaujolais
(U.I.V.B.)
210, boulevard Vermorel
69400
VILLEFRANCHE-
SUR-SAÔNE
74 65 45 55

CHAMPAGNE :

Comité
Interprofessionnel du
Vin de Champagne
(C.I.V.C.)
5, rue Henri-Martin
51200 ÉPERNAY
26 54 47 20

CÔTES-DU-RHÔNE :

Comité
Interprofessionnel des
Vins des Côtes-du-
Rhône (C.I.C.D.R.)
Maison du Vin
41, cours Jean-Jaurès
84000 AVIGNON
90 86 47 09

JURA :

Société de Viticulture
des Vins du Jura
B.P. 396
Avenue du 44ᵉ-R.I.
39016 LONS-LE-
SAUNIER
84 24 21 07

LANGUEDOC-ROUSSILLON :

Comité
Interprofessionnel des
Vins de Fitou,
Corbières, Minervois
Route Nationale 113
11200 LÉZIGNAN-
CORBIÈRES
68 27 03 64

Syndicat
Interprofessionnel des
Costières du Gard
(U.I.G.C.)
Domaine de la Bastide
Route de Générac
30000 NÎMES
66 38 02 23

Syndicat de Défense du
Cru Blanquette de
Limoux
20, avenue du Pont-de-
France
11300 LIMOUX
68 31 12 83

Groupement
Interprofessionnel des
Côtes-du-Roussillon et
Côtes-du-Roussillon-
Villages
19, avenue de Grande-
Bretagne
66000 PERPIGNAN
68 51 31 81

Comité
Interprofessionnel des
Vins Doux Naturels
(C.I.V.D.N.)
19, avenue de Grande-
Bretagne
66000 PERPIGNAN
68 34 42 32

PROVENCE-CORSE :

Comité
Interprofessionnel des
Vins des Côtes-de-
Provence (C.I.V.C.P.)
3, avenue Jean-Jaurès
83460 LES ARCS-SUR-
ARGENS
94 73 33 38

Groupement
Intersyndical des Vins
d'Appellation Corse
(G.I.A.C.)
7, boulevard Paoli
20200 BASTIA
95 34 06 13

SAVOIE :

Syndicat régional des
Vins de Savoie
3, rue du Château
73000 CHAMBERY
79 33 44 16

SUD-OUEST :

Conseil
Interprofessionnel des
Vins de la Région de
Bergerac (C.I.V.R.B.)
2, place du Docteur-
Cayla
24100 BERGERAC
53 57 12 57

Comité
Interprofessionnel des
Vins de Gaillac
(C.I.V.G.)
Abbaye Saint-Michel
81600 GAILLAC
63 57 15 40

Union
Interprofessionnelle du
Vin de Cahors
(U.I.V.C.)
Avenue Jean-Jaurès
B.P. 199
46004 CAHORS
CEDEX
65 22 55 30

Fédération des
Syndicats Viticoles des
Vins du Béarn et du
Pays Basque
Maison de l'Agriculture
124, boulevard Tourasse
64000 PAU
59 02 35 55

VAL-DE-LOIRE :

Comité
Interprofessionnel des
Vins de Touraine
(C.I.V.T.)
19, square Prosper-
Mérimée
37000 TOURS
47 05 40 01

Comité
Interprofessionnel des
Vins d'Anjou-Saumur
(C.I.V.A.S.)
21, boulevard Foch
49000 ANGERS
41 87 62 57

Comité
Interprofessionnel des
Vins d'Origine du Pays
Nantais (C.I.V.O.P.N.)
Maison du vin
Bellevue
44690 LA HAYE-
FOUASSIERRE
40 36 90 10

BIBLIOGRAPHIE

• « Sur les chemins des vignobles de France » *Ouvrage collectif paru aux Éditions du Reader's Digest en 1984.*

• « Le vin dans l'histoire de France » *de Marie-Louise Laval, paru aux Éditions D. Deschênes en 1935.*

• « Les mémoires du Bordeaux » *de Georges Renoy, paru aux Éditions B.A.V. en 1984.*

• « Bordeaux et ses vins » *de Édouard Feret, paru aux Éditions Feret et Fils, mise à jour de 1986.*

• « Les cent plus beaux textes sur le vin », *choisis par Louis et Jean Orizet, paru aux Éditions du Cherche-Midi en 1984.*

• « Vin, Culture, Histoire », *passionnant dossier rédigé par l'ANIVIT (Association Nationale Interprofessionnelle des Vins de Table et de Pays) en 1985. Auteur(s) anonyme(s).*

• Deux caisses de dossiers de presse et dépliants de toutes provenances *Merci à tous ceux qui me les ont envoyés.*

• Une bibliothèque complète de Livres de Poche, Folio, livres scolaires et dictionnaires de toutes sortes *où ont été pêchées çà et là les citations et textes sur le vin.*

Merci à tous ceux qui m'ont aidé dans la réalisation de ce livre, soit en participant à mes recherches, soit en répondant à mes coups de fil intempestifs pour confirmer informations et adresses. Merci aussi à celles qui ont réussi à taper mes brouillons illisibles : Claire Ducamp, Isabelle Eullaffroy et Clotilde de Terves.

Ils ont dit quelque chose sur le vin ou sur la vigne :

Euripide, *p. 101*
Fabliau Allemand
« Le Grand Buveur »,
p. 139
Faculté de médecine
de Paris, *p. 9*
Farrokhi, *p. 72*
Foch, maréchal, *p. 163*
Giono, *p. 156*
Goethe, *p. 53, p. 88*
Hoffmann, *p. 11*
Horace, *p. 132*
Khayam Omar, *p. 128,*
p. 174
Hugo Victor, *p. 29,*
p. 59, p. 159
Kressmann Édouard,
p. 62
Laroc Flavie, *p. 47, p. 155*
Lebrun Albert, *p. 165*
Le Crom, *p. 145*
Le Houx Jean, *p. 83,*
p. 181
Lope de Vega Félix,
p. 69
Luther Martin, *p. 111*
Maurras Charles, *p. 62*
Mégare Théognis de,
p. 109

Mistral Frédéric, *p. 157*
Molière, *p. 142*
Monselet Charles, *p. 67,*
p. 161
Pagnol Marcel, *p. 159*
Panard, *p. 89*
Platon, *p. 32*
Poète anonyme, *p. 80*
Ponge François, *p. 147*
Portmann Georges,
p. 188
Prospère, *p. 75*
Rabelais, *p. 95, p. 105,*
p. 179
Racan, *p. 73*
Redi Francesco, *p. 127*
Regnard Jean-François,
p. 78
Robert Henri, *p. 167*
Robespierre, *p. 113*
Ronsard, *p. 92*
Rousseau, *p. 145*
Saint-Exupéry, *p. 113*
Sarraut Maurice, *p. 77*
Serres Olivier de, *p. 32*
Suevo Italo, *p. 27*
Thomann P., *p. 110*
Vigny Alfred de, *p. 5*
Voltaire, *p. 117*

INDEX ET VÉRIFICATION-ÉCLAIR

Cet index doit non seulement vous aider à retrouver les explications correspondant aux noms ou appellations sur lesquels vous souhaitez des éclaircissements, mais aussi vous servir de mini-dictionnaire pour toute vérification rapide sur la nature ou l'origine desdits noms ou appellations.

C

D

E

F

G

L

M

P

ROSÉS DE LOIRE (Val de Loire, régions de Touraine et Anjou-Saumur), *p. 185*
ROSETTE (Sud-Ouest, région des vignobles de Guyenne-Périgord), *p. 171*
ROUSSANNE (cépage), *p. 128, p. 163*
ROUSSETTE (cépage), *p. 128*

ROUSSETTE-DE-SAVOIE (Savoie), *p. 163*
ROUSSETTE-DE-SAVOIE (cépage), *p. 163*
RULLY (Bourgogne, région de la Côte Chalonnaise), *p. 99*

SAMPIGNY-LES-MARANGES (Bourgogne, région de la Côte-d'Or, Côte-de-Beaune), *p. 98*
SANCERRE (région du Val de Loire), *p. 179*
SANTENAY (Bourgogne, région de la Côte-d'Or, Côte-de-Beaune), *p. 98*
SAIGNÉE (terme technique relatif à l'élaboration des vins rosés), *p. 45*
SAINT-AMOUR (Cru du Beaujolais), *p. 107*

SAINT-AUBIN (Bourgogne, région de la Côte-d'Or, Côte-de-Beaune), *p. 98*
SAINT-CHINIAN (Languedoc-Roussillon, région du Languedoc), *p. 141*
SAINTE-CROIX-DU-MONT (Bordeaux, région des Entre-Deux-Mers), *p. 81*
SAINTE-MARIE-D'ALLOIX (cru de Savoie), *p. 164*
SAINT-ÉMILION (Bordeaux, région du Libournais), *p. 82*

T

Aubin Imprimeur

LIGUGÉ, POITIERS

La composition a été effectuée par Charente Photogravure

Achevé d'imprimer en août 1988
N° d'édition 10 / N° d'impression P 28196
Dépôt légal, septembre 1988

Imprimé en France